定期テスト ズバリよくでる 英語 3年

JN125656

もくじ

取り外してお使いください　赤シート+直前チェックBOOK,別冊解答

※全国の定期テストの標準的な出題範囲を示しています。学校の学習進度とあわない場合は,「あなたの学校の出題範囲」欄に出題範囲を書きこんでお使いください。

Step 1 基本チェック : Power of Music / Starter ～ 文法のまとめ① 10分

■ 赤シートを使って答えよう！

❶ [（ずっと）…し続けています。（現在完了進行形・肯定文）]

解答欄

☐ ❶ 私は2時間ずっと本を読み続けています。

I [have] [been] [reading] a book for two hours.

❶

☐ ❷ 私の弟は今朝からずっとテレビゲームをし続けています。

My brother [has] [been] [playing] a video game since this morning.

❷

☐ ❸ 3日間ずっと雪が降り続いています。

It [has] [been] [snowing] for three days.

❸

POINT

❶ [（ずっと）…し続けています。（現在完了進行形・肯定文）]

「（ずっと）…し続けています。」→〈have[has] been + 動詞の -ing 形〉

・It has been raining since this morning.　[今朝からずっと雨が降り続いています。]
  └主語がitなのでhas　　　└〈since + 過去の起点〉「…から」
  　　　　　　　　　　　　　　※ since のあとに〈主語 + 動詞 ...〉を続けて「…してから」とすることもできる。

・I have been playing soccer for two hours.　[私は2時間ずっとサッカーをし続けています。]
  └主語がIなのでhave　　　└〈for + 期間〉「…の間」

【現在完了進行形にできない動詞】

be動詞，have（持っている），know，wantなどの状態を表す動詞はふつう進行形にできない。

× I have been wanting to be a baseball player since I was a child.
  └wantは進行形にできない動詞

○ I have wanted to be a baseball player since I was a child.
  └現在完了形で表す　　[私は子どものころからずっと野球選手になりたいと思っています。]

> 過去から現在まで続く「状態」を表すときは現在完了形を，過去から現在まで続く「動作」を表すときは現在完了進行形を使うよ。

ズバリよくでる→直前

チェック
BOOK

■ テストに**ズバリよくでる**!
■ **重要単語・重要文**を掲載!

英語
三省堂版
3年

赤シートで
何度でも!

教pp.5〜18

✓ 重要語 チェック 英単語を覚えましょう。

[Starter]

□力の強い	形powerful
□思い出させる	動remind
□テーマ	名theme
□アメリカ人	名American
□最初の	形original
□版	名version
□地震	名earthquake
□録音する	動record
□勇気づける	動encourage
□勇気	名courage
□アルバム	名album
□世界中で	副worldwide
□開始する	動launch
□取り除く	動eliminate
□憎しみ	名hate
□支持する	動support
□(…する)間に	接while
□ほんとうに	副truly

[Lesson 1]

□話し合う，討議〔論議〕する	動discuss
□狭くする；狭くなる	動narrow
□投手，ピッチャー	名pitcher
□トランペット	名trumpet
□友情	名friendship
□よろしい，オーケー	形間OK
□初め，最初；始まり	名beginning
□荒々しい	形rough
□休む，休息する	動rest

□(腕)時計	名watch
□鏡	名mirror
□マーカー(ペン)	名marker (pen)
□筆箱	名pencil case
□切手	名stamp
□暗やみ	名darkness
□動く	動move
□勇敢に	副bravely
□危険	名danger
□腕	名arm
□手術	名operation
□不幸にも	副unfortunately
□舞台	名stage
□…のように見える	動seem
□だが	接though
□議論	名argument
□問題点	名issue
□信用する	動trust
□親しい	形close
□タイトル，題名	名title
□花が咲く	動bloom
□(戦争などで死んだ)犠牲者	名victim
□生きている	形living
□生存者	名survivor

[Take Action! 1]

□指示	名instruction
□訓練	名drill
□西(の)	名形west

2

| □建物，建築物 | 图building | □項目，細部 | 图particular |
| □押す | 勔push | □季節 | 图season |

✓ 重要文 チェック 日本語を見て英文が言えるようになりましょう。

[Starter]
□私は自分のチームメイトを信頼しています。　　I <u>believe in</u> my teammates.

[Lesson 1]
□今朝からずっと雨が降り続いています。

It <u>has been raining</u> since this morning.

□私は2時間ずっとサッカーをし続けています。

I <u>have been playing</u> soccer for two hours.

□あなたは長い間サッカーをし続けていますか。

<u>Have</u> you <u>been playing</u> soccer for a long time?

——はい，し続けています。／いいえ，し続けていません。

—— Yes, I <u>have</u>. / No, I <u>have not</u>.

□あなたはどれくらい長くサッカーをし続けていますか。

How long have you been playing soccer?

——2時間し続けています。／今朝からし続けています。

—— <u>For</u> two hours. / <u>Since</u> this morning.

□私はよい考えを思いつきました。　I <u>came up with</u> a good idea.
□彼女は留学することを決心しました。　She <u>decided to</u> study abroad.
□あなたの夢を諦めないでください。　Don't <u>give up</u> your dream.
□日ごとに暑くなってきています。　It is getting hotter <u>day by day</u>.
□計画を2つにしぼりましょう。　Let's <u>narrow down</u> the plans <u>to</u> two.
□私は駅であなたを待ちます。　I will <u>wait for</u> you at the station.

[Take Action! 1]
□どこか特におすすめの場所はありますか。

<u>Do you recommend any places in particular</u>?

□建物の西側に庭園があります。

There is a garden on the <u>west side of the building</u>.

3

✓ 重要語 チェック 英単語を覚えましょう。

[Lesson 2]

□印刷する	動print
□マラーティー語	名Marathi
□〔depend on ...〕 …次第である	動depend
□やかん	名kettle
□フォーク	名fork
□せっけん	名soap
□毛布	名blanket
□まくら	名pillow
□食事	名dining
□寝室	名bedroom
□リビング	名living room
□ダイニング	名dining room
□浴室，トイレ	名bathroom
□配達する	動deliver
□旗	名flag
□集会，集まり，会	名meeting
□インド〔人〕（の）	名形Indian
□〔主に英〕映画	名film
□（映画などを）監督〔演出〕する	動direct
□（CDなどを）発売する；(映画を)封切りする，公開する	動release
□物語，お話	名tale
□人の心を引き寄せる；覚えやすい	形catchy
□気持ちを高揚させる	形uplifting
□元気のいい	形cheerful
□作り出す，創造する	動create

□作曲する；組み立てる	動compose
□…に位置する	動locate
□南アジア	名South Asia
□10億	名billion
□マイル	名mile
□公式の	形official
□主要な	形major
□シャンプー	名shampoo
□ウルドゥー語	名Urdu
□主に	副mostly
□北の	形northern
□体系	名system
□アラビア語	名Arabic
□美しさ	名beauty
□上品さ	名grace
□文学	名literature
□詩	名poetry
□一般に	副commonly
□残る	動remain
□…のいたる所に	前across
□会社	名business
□多様性	名diversity
□むだに使う	形wasteful
□何も書かれていない	形blank

[Take Action! 2]

□こんでいる	形crowded
□どこかて，どこかへ，どこかに	副somewhere
□通り抜けて	前through
□シカ	名deer

4

□提案	图suggestion	□(アイスクリームを盛る)コーン	图cone
□〔according to ...〕according		□含む，入れている	動contain
…によれば		□海草，のり	图seaweed
[Project 1]		□断片，破片	图piece
□高級な	形premium	□食感	图texture

✓ 重要文 チェック 日本語を見て英文が言えるようになりましょう。

[Lesson 2]

□その台所は毎日そうじされます。 The kitchen **is** **cleaned** every day.

□この絵はピカソによってかかれました。 This picture **was** **painted** **by** Picasso.

□美しいメロディが聞こえます。 I hear **a** **sweet** **melody**.

□私たちはその森で多くの動物を 見つけました。 We **came** **across** many animals in the forest.

□私のスケジュールはその日次第です。 My schedule **depends** **on** the day.

[Take Action! 2]

□その記事によると，日本食は人気があります。 **According** **to** the article, Japanese food is popular.

□私はどこか新しい場所に行きたいです。 I want to **go** **somewhere** **new**.

□それは多くの人がこの市を訪れることを示しています。 **It** **shows** that many people visit this city.

□もっと話してください。 **Please** **tell** **me** **more**.

□その本にはインドはカレーで有名だと書いてあります。 This book **says** that India is famous for curry.

□この場所を歩いて通り抜けてはいけません。 You can't **walk** **through** this place.

□理由は何ですか。 **What** are your **reasons**?

□なぜですか。 **Why**?

[Project 1]

□カレーはうどんと調和します。 Curry **goes** **well** **with** *udon*.

✓ 重要語 チェック 英単語を覚えましょう。

[Lesson 3]

□破壊する，こわす　動destroy

□原子(力)の　形atomic

□爆弾　名bomb

□丸屋根，ドーム　名dome

□ガラス，コップ，　名glass
　〔glasses〕めがね

□ソファー　名couch

□一輪車　名unicycle

□損害〔被害〕を与える，動damage
　傷つける

□陳列，展示　名display

□ぎょっとさせる，衝　動shock
　撃を与える

□現実　名reality

□スイス　名Switzerland

□giveの過去分詞　動given

□閃光　名flash

□終わり　名end

□生き残る　動survive

□初級の　形elementary

□小学校　名elementary
　　　　　school

□とりわけ　副especially

□走者　名runner

□選ぶ　動select

□リレー競走　名relay

□病気　名sickness

□がん　名cancer

□引き起こす　動cause

□受け取る　動receive

□記念する〔物〕　形名memorial

□女の魔法使い，魔女　名witch

□旅行　名journey

□彼女自身を〔に〕；自分を　代herself
　〔に〕；〔主語の意味を強め
　て〕彼女自身で；自分で

□著者　名author

□(本の)表紙　名cover

[Take Action! 3]

□財布　名purse

□それはさておき　副anyway

□割引　名discount

□いや，いいえ　副nope

□今夜(は)，今晩(は)　名副tonight

[GET Plus 1]

□〔リーグ戦に対して〕勝ち　名tournament
　抜き戦，トーナメント

□幸せな，うれしい　形happy

□気の毒で　形sorry

□驚いた　形surprised

□ショックを受けた　形shocked

□得点，点数　名score

□負傷した　形injured

□勝つ，受賞する　動win

□通る，合格する　動pass

□事故；偶然の出来事　名accident

□負ける　動lose

✓ 重要文 チェック 日本語を見て英文が言えるようになりましょう。

[Lesson 3]

□テニスをしている女の子は由佳です。	The girl **playing** tennis is Yuka.
□これは、漱石によって書かれた有名な本です。	This is a famous book **written** by Soseki.
□私のコップはそのネコに落とされました。	My cup **was dropped** by the cat.
□私たちは彼をトムと呼びます。	We **call** him Tom.
□その問題についていっしょに考えましょう。	**Let's** think about the problem together.
□彼は明日、東京を訪れるでしょう。	**He'll** visit Tokyo tomorrow.
□英語を話すことは彼女にとって簡単です。	**It's easy for her to speak** English.
□学校に2度と遅刻してはいけません。	You **must never** be late for school.
□私は試合に負けましたが、それを楽しみました。	I lost the game, **but** I enjoyed it.
□子どものとき、私はよく動物園へ行きました。	**When** I was a child, I often went to the zoo.
□彼女はバスケットボールが上手です。	She **is good at** basketball.
□私は私たちがまた会えることを望んでいます。	I hope **that** we can meet again.
□私はたくさん練習しました。しかしながら、私は負けました。	I practiced a lot. **However**, I lost.
□彼女は働きすぎたので、疲れています。	She worked too much, **so** she is tired.
□テーブルの上に本が1冊あります。	**There is** a book on the table.
□私は最初、彼はあなたの弟だと思いました。	**At first** I thought he was your brother.
□教室には少なくとも10人の生徒がいました。	There were **at least** ten students in the classroom.
□あれはある技師によってデザインされた自転車です。	That is a bike **designed by** an engineer.
□これは子どもたちのためにデザインされたペンです。	This is a pen **designed for** children.
□あなたの具合が悪くなったら病院に連れて行ってあげます。	I'll take you to the hospital if you **get worse**.
□彼は日本にもどりたいと思いました。	He wanted to **go back** to Japan.
□彼女は成長して医者になりました。	She **grew up** and became a doctor.
□私はかぜをひいていて、休む必要があります。	I **have a cold** and need to rest.
□写真を持っている男性は佐藤さんです。	The man **holding a picture** is Mr. Sato.

□これは私の妹によって作られたケーキです。
□古い本が何冊か展示されていました。
□ソファーに座っている男の子は良太です。
□メモをとってもいいですか。
□眼鏡をかけている女の子は美紀です。

[Take Action! 3]

□彼は2年の間，美術部に入っています。
□ところで，あなたは今週末に何をするつもりですか。
□わかりません。
□夕食と言えば，あなたは今日，何が食べたいですか。
□もっと話してください。
□どういう意味ですか。

[GET Plus 1]

□私はそれを聞いてうれしいです。
□彼は試験でよい点をとりたいと思っています。
□私はその事故でけがをしました。
□彼は学校へ行っているときに事故にあいました。
□私たちはあなたに会えてうれしいです。
□私はもう2度と財布をなくしません。
□私たちは試合に負けて悲しかったです。
□彼女は試験に合格してうれしかったです。
□私はその知らせを聞いてショックを受けました。
□彼が来られないと聞いて気の毒です。
□彼はその大きなネコを見て驚きました。
□彼女は賞をとってうれしそうでした。
□私はほんとうにその試合に勝ちたいです。

This is a cake <u>made</u> <u>by</u> my sister.
Some old books were <u>on</u> <u>display</u>.
The boy <u>sitting</u> <u>on</u> <u>a</u> <u>couch</u> is Ryota.
Can I <u>take</u> <u>notes</u>?
The girl <u>wearing</u> <u>glasses</u> is Miki.

He <u>has</u> <u>been</u> in the art club for two years.
<u>By</u> <u>the</u> <u>way</u>, what will you do this weekend?
<u>I</u> <u>don't</u> <u>understand</u>.
<u>Speaking</u> <u>of</u> dinner, what do you want to eat today?
<u>Tell</u> <u>me</u> <u>more</u>.
<u>What</u> do you <u>mean</u>?

I'<u>m</u> <u>glad</u> <u>to</u> hear that.
He wants to <u>get</u> <u>a</u> <u>good</u> <u>score</u> on the exam.
I <u>got</u> <u>injured</u> in the accident.
He <u>had</u> <u>an</u> <u>accident</u> when he was going to school.
We are <u>happy</u> to see you.
I'll never <u>lose</u> <u>my</u> <u>wallet</u> again.
We were sad to <u>lose</u> <u>the</u> <u>game</u>.
She was glad to <u>pass</u> <u>the</u> <u>exam</u>.
I was <u>shocked</u> to hear the news.
I'm <u>sorry</u> to hear that he can't come.
He was <u>surprised</u> to see the big cat.
She looked happy to <u>win</u> <u>a</u> <u>prize</u>.
I really want to <u>win</u> <u>the</u> <u>game</u>.

Lesson 4 The World's Manga and Anime ～ Reading for Fun 1

✓ 重要語 チェック 英単語を覚えましょう。

[Lesson 4]

日本語	品詞	英語
紹介する；初めて伝える	動	introduce
(映画)監督	名	director
(ある時代・民族などに特有の)服装；衣装	名	costume
中古の	形	used
妖精(のような)	名形	fairy
(料理などの)作り方, レシピ	名	recipe
(鉛筆・ペン・クレヨンなどでかいた)絵, 線画, デッサン	名	drawing
才能のある, 有能な	形	talented
どこでも	副	everywhere
忠告, 助言, アドバイス	名	advice
よく知っている	形	familiar
成功	名	success
調整	名	adjustment
視聴者	名	viewer
含む	動	involve
内容	名	content
もとは	副	originally
翻訳する	動	translate
文字通りに	副	literally
関係がある	動	relate
全体の	形	whole
魅力的な	形	attractive

日本語	品詞	英語
主に	副	mainly
なじみのない	形	unfamiliar
調整する	動	adjust
西洋の	形	western
説明	名	explanation
読者	名	reader
ふるまい	名	behavior
設定	名	setting
プロの	形	professional
おそらく	副	perhaps
変える	動	adapt
合わせる	動	fit
それぞれの	形	each
おそらく	副	probably
しばしば, 頻繁に	副	frequently
それゆえ	副	therefore

[Take Action! 4]

日本語	品詞	英語
大学	名	university
結論	名	conclusion
発見	名	discovery
線；路線	名	line

[Reading for Fun 1]

日本語	品詞	英語
バルコニー	名	balcony
港	名	port
着陸する	動	land
おおう	動	cover
油	名	oil
死んだ	形	dead

9

教pp.51〜67

□lay の過去分詞	働laid	□正しい	形correct
□（卵を）産む	働lay	□飛行	形flying
□世話	名care	□失敗する	働fail
□体	名body	□翼	名wing
□方向	名direction	□引く	働pull
□ママ	名mom	□端	名edge
□汚れた	形dirty	□位置	名position
□太った	形fat	□ちょっとの時間	名moment
□ネズミ	名rat	□得る	働gain
□意地悪な	形mean	□制御	名control
□おそう	働attack	□風	名wind
□…てさえ，…でも	副even	□広い	形wide

✓ 重要文 チェック 日本語を見て英文が言えるようになりましょう。

[Lesson 4]

□私は美しい写真が載っている本を持っています。

I have a book <u>that</u> has beautiful pictures.
(I have a book <u>which</u> has beautiful pictures.)

□私にはスペイン語が話せる友達がいます。

I have a friend <u>who</u> can speak Spanish.
(I have a friend <u>that</u> can speak Spanish.)

□あなたを私の友達に紹介しましょう。

I'll <u>introduce</u> you <u>to</u> my friends.

□その湖にはたくさんの魚がいます。

There are <u>lots of</u> fish in the lake.

□彼は使用済みの切手を集めるのが好きです。

He likes collecting <u>used stamps</u>.

[Take Action! 4]

□私はすばらしい発見についての
　ニュースを聞きました。

□その駅で東西線に乗り換えるこ
　とができます。

□図書館への行き方を私に教えて
　くださいませんか。

□大阪駅で降りましょう。

□よいご旅行を。

□わかりました。

□その科学者はいくつかの新種を
　発見しました。

□私たちは中央線に乗るつもりで
　す。

□どの電車に乗るべきですか。

[Reading for Fun 1]

□たとえ空腹でなくても，朝食を
　食べなさい。

□あなたはきょう家にいなければ
　ならない。

□私はあなたなしにそこに行くこ
　とはできません。

□彼はそのイヌから身を引き離し
　ました。

□サッカー選手たちはフィールド
　に足を踏み出しました。

□私は妹たちの世話をしなければ
　なりません。

I heard a news about <u>a great</u>
<u>discovery</u>.

You can <u>change to</u> the Tozai <u>Line</u> at
the station.

<u>Could you tell me how to get to</u> the
library?

Let's <u>get off at</u> Osaka <u>station</u>.

<u>Have a nice trip</u>!

<u>I got it</u>.

The scientist found some <u>new</u>
<u>species</u>.

We will <u>take</u> the Chuo <u>Line</u>.

<u>Which train should I take</u>?

Eat breakfast <u>even though</u> you aren't
hungry.

You <u>must stay</u> at home today.

I can't go there <u>without you</u>.

He <u>pulled away</u> from the dog.

The soccer players <u>stepped into</u> the
field.

I have to <u>take care of</u> my sisters.

教pp.69〜86

✓ 重要語 チェック 英単語を覚えましょう。

[Lesson 5]

□ワシントンD.C.	名Washington, D.C.
□アフリカ系アメリカ人(の)	名形African-American
□魅力的な	形fascinating
□駐輪場	名bicycle parking lot
□テニスコート	名tennis court
□武道場	名martial arts room
□コンビニエンスストア	名convenience store
□遊園地	名amusement park
□勇ましい，好戦的な	形martial
□武道，武術	名martial arts
□修理する，修繕する	動repair
□公の，公共の	形public
□(切って分けられた)部分，区域	名section
□いっぱいになる；いっぱいにする	動fill
□断る，拒絶する	動refuse
□逮捕する	動arrest
□創造性	名creativity
□正直	名honesty
□努力	名effort
□トイレ	名restroom
□噴水	名fountain
□不公平な	形unfair
□運動	名movement
□正義	名justice
□車	名car
□ボイコット	名boycott
□続く	動last
□どこにでも	副anywhere

□業績	名achievement
□奮い立たせる	動inspire
□引用	名quote
□国家	名nation
□判断する	動judge
□肌	名skin
□(be able to ...)…することができる	形able
□殺す	動kill
□死	名death
□基礎〔根拠〕に置く	動base
□10代の少年・少女	名teenager

[Take Action! 5]

□息子	名son
□…の特徴を述べる	動describe
□(遊園地の)ジェットコースター	名roller coaster
□1枚，一切れ	名slice
□少し，少量	名bit
□(ふつう複数形で)ピクルス	名pickle
□ポテトチップス	名chip

[Project 2]

□発表，プレゼンテーション	名presentation
□地域	名region
□話題；(講演・エッセイなどの)テーマ	名topic
□下(の方)に〔の〕	副below
□criterionの複数形	名criteria
□基準	名criterion

□選ぶこと，選択	图selection	□配達：(演説の)仕方	图delivery
□委員会	图committee	□日付，(年)月日	图date

✓ **重要文** チェック 日本語を見て英文が言えるようになりましょう。

[Lesson 5]

□これは，私が昨夜読んだ本です。

This is the book <u>that</u> I read last night.
(This is the book <u>which</u> I read last night.)

□私が訪れたい国はフランスです。

The country <u>I</u> <u>want</u> <u>to</u> <u>visit</u> is France.

□彼は速く走れるようになるでしょう。

He will <u>be</u> <u>able</u> <u>to</u> run fast.

□ここでは自由に食べたり飲んだりすることができます。

You <u>are</u> <u>free</u> <u>to</u> eat and drink here.

□その部屋はすぐにいっぱいになるでしょう。

The room will <u>fill</u> <u>up</u> soon.

□私たちはクラスメイトと手を取り合うべきです。

We should <u>join</u> <u>hands</u> <u>with</u> our classmates.

□法の下，子どもは運転することができません。

Children cannot drive <u>under</u> <u>the</u> <u>law</u>.

[Take Action! 5]

□私は砂糖がほんの少しほしいです。

I want <u>a</u> <u>little</u> <u>bit</u> of sugar.

□ほかに何かありますか。

<u>Anything</u> <u>else</u>?

□いいえ，結構です。

<u>No,</u> <u>thank</u> <u>you</u>.

□はい，お願いします。

<u>Yes,</u> <u>please</u>. / <u>I'd</u> <u>like</u> <u>to</u>.

□昼食に何がほしいですか。

<u>What</u> <u>would</u> <u>you</u> <u>like</u> for lunch?

□コーヒーをいくらかいかがですか。

<u>Would</u> <u>you</u> <u>like</u> some coffee?

[Project 2]

□あなたたちはお互いに助け合わなければなりません。

You must help <u>each</u> <u>other</u>.

□このパン店はレモンパンで有名です。

This bakery <u>is</u> <u>famous</u> <u>for</u> lemon bread.

☑ 重要語 チェック✍ 英単語を覚えましょう。

[Lesson 6]

□想像する，心に思い描く	動imagine
□恐竜	名dinosaur
□真実，ほんとうのこと，事実	名truth
□grandchildの複数形	名grandchildren
□孫	名grandchild
□子孫	名descendant
□時代	名period
□プログラミング	名programming
□不平を言う；（痛みなどを）訴える	動complain
□翻訳者，翻訳機	名translator
□（意思・考え・情報などを）伝達する，知らせる	動communicate
□サイ	名rhino
□トド，アシカ	名sea lion
□ニューヨーク市	名New York
□発明家	名inventor
□だれも…ない	代nobody
□羽	名feather
□しだいに	副gradually
□秘密	名secret
□航空機	名aircraft
□こっけいな	形ridiculous
□想像力	名imagination
□思いがけない	形unexpected
□発明	名invention
□現代の	形modern

□成功した	形successful
□実験	名experiment
□グライダー	名glider
□失敗	名failure
□ためらう	動hesitate
□個人的な	形personal
□…に着く，達する	動reach
□私自身を〔に〕；〔主語の意味を強めて〕私自身で，自分で	代myself
□黒板	名blackboard
□まじめな，真剣な	形serious
□池	名pond
□永遠に	副forever

[Take Action! 6]

□中央アメリカ	名Central America
□熱帯雨林	名rainforest
□大農園	名plantation
□再生する	動recover
□中央の	形central
□誇りを持っている	形proud
□たくさん	名plenty

[GET Plus 2]

□汚染	名pollution
□性，性別	名gender
□平等	名equality
□人間（の）	名形human
□絶滅寸前の	形endangered
□エネルギー	名energy

✓ 重要文 チェック 日本語を見て英文が言えるようになりましょう。

[Lesson 6]

□もし私に翼があれば，私は飛べるだろうに。

□翼があればいいのになあ。

□飛べればいいのになあ。

□あなたは何をしているのですか。

□彼は多くのかっこいい曲を書く音楽家です。

□私たちは雨のときはサッカーを練習することができません。

□彼が怒っていることは知っていますが，理由は知りません。

□私の夢は医者になることです。

□彼女は1時間ずっと待っています。

□私たちはギターのひき方を習いました。

□この町で最も古い建物はとても小さいです。

□あなたは私がここで会った最初の人です。

□私はきのう，部屋をそうじしなければいけませんでした。

□食べたすぐあとに走るべきではありません。

□多くのことに興味を持つことは大切です。

□ちがうことを恐れないでください。

□妹はいつも音楽を聞いています。

□彼女は家に帰るとすぐにテレビをつけました。

If I **had** wings, I **could** fly.

I **wish** I **had** wings.

I **wish** I **could** fly.

What **are** you **doing**?

He is a musician **who** writes many cool songs.

We cannot practice soccer **when** it is rainy.

I know he is angry, **but** I don't know the reason.

My dream is **to become** a doctor.

She **has been waiting** for an hour.

We learned **how to** play the guitar.

The **oldest** building in this town is very small.

You are **the first person** I have met here.

I **had to** clean my room yesterday.

You **should not** run soon after eating.

It is important **to be** interested in many things.

Don't **be afraid of** being different.

My sister listens to music **all the time**.

She turned on the TV **as soon as** she came home.

15

□車が古いことがわかりました。

□海の底の宝物を探したいです。

□確かには思い出せません。

□私たちは問題を解決するために話し合いました。

□だれにでも真実を知る権利があります。

□ほかの人をからかうのはやめなさい。

□もしタイムマシーンがあったら、私は自分の孫に会います。

□簡単な運動をすることから始めましょう。

□もしタイムマシーンがあったら、私は江戸時代を訪れます。

[Take Action! 6]

□びんの中には水がありません。

□映画館に映画を見に行きましょう。

□私にはたくさんの時間があります。

□何か考えはありますか。

□日本語の歌を歌うのはどうですか。

□賛成ですが、私たちには少し難しいです。

□考えがあります。

□兄がテニスの試合に勝ったということを誇りに思っています。

□それはよい考えですね。

□あなたはそれについてどう思いますか。

□トムの誕生日に何をしましょうか。

[GET Plus 2]

□もし私があなたなら、彼女に夕飯をつくるだろう。

I <u>found</u> <u>out</u> that the car was old.

I want to <u>find</u> <u>the</u> <u>treasure</u> under the sea.

I cannot remember <u>for</u> <u>sure</u>.

We discussed <u>in</u> <u>order</u> <u>to</u> solve the problem.

Everyone has the right to <u>know</u> <u>the</u> <u>truth</u>.

Stop <u>making</u> <u>fun</u> <u>of</u> others.

If I had a time machine, I would <u>meet</u> <u>my</u> <u>grandchildren</u>.

Let's <u>start</u> <u>off</u> by taking a simple exercise.

If I had a time machine, I would <u>visit</u> <u>the</u> <u>Edo</u> <u>period</u>.

<u>There</u> <u>is</u> no water in the bottle.

<u>Let's</u> <u>go</u> to the theater to see a movie.

I have <u>plenty</u> <u>of</u> time.

<u>Do</u> <u>you</u> <u>have</u> <u>any</u> <u>ideas</u>?

<u>How</u> <u>about</u> singing a Japanese song?

I <u>agree</u>, <u>but</u> it's a little difficult for us.

I <u>have</u> <u>an</u> <u>idea</u>.

I'm <u>proud</u> <u>that</u> my brother won the tennis match.

<u>That's</u> <u>a</u> <u>good</u> <u>idea</u>.

<u>What</u> <u>do</u> <u>you</u> <u>think</u> <u>about</u> <u>it</u>?

<u>What</u> <u>shall</u> <u>we</u> <u>do</u> for Tom's birthday?

<u>If</u> <u>I</u> <u>were</u> <u>you</u>, <u>I</u> <u>would</u> cook her dinner.

✓ 重要語 チェック 英単語を覚えましょう。

[Lesson 7]

□思う	動 figure
□(母語)話者	名 speaker
□島	名 island
□月	名 moon
□山	名 mountain
□会社	名 company
□研究，調査	名 research
□研究する	動 research
□決心	名 decision
□〔deal with ...〕…を(取り)扱う 〔deal in ...〕(商品を)扱う	動 deal
□離れて	副 apart
□まじめに，本気で	副 seriously
□組織	名 organization
□…の中で	前 within
□医療の	形 medical
□治療	名 treatment
□患者	名 patient
□明確に	副 clearly
□意思の疎通	名 communication
□理解	名 understanding
□注意	名 attention
□民間の	形 non-governmental
□人工知能	名 AI
□人工の	形 artificial
□知能	名 intelligence
□研究者	名 researcher
□参照する	動 refer
□ドイツ語	名 German
□敏感に	副 sensitively
□カリフォルニア	名 California
□宿屋	名 inn
□出る	動 appear
□小冊子	名 brochure
□外国人	名 foreigner
□インタビューをする	動 interview
□返答	名 response
□客	名 customer
□満足した	形 satisfied
□広げる	動 broaden
□隔てる	動 separate

[GET Plus 3]

□飾る，装飾する	動 decorate
□かたづける	動 clear
□招待	名 invitation

[Project 3]

□備品，用具	名 equipment
□取り除く，取り外す	動 remove
□自由に	副 freely
□年配の	形 elderly
□託児所	名 nursery
□保育園	名 nursery school
□例外	名 exception
□扱う，処理する	動 handle
□流す	動 stream
□聴衆，観客	名 audience

✓ 重要文 チェック 📝 日本語を見て英文が言えるようになりましょう。

[Lesson 7]

□ 私は, 美紀がなぜ悲しいのかわかりません。　I don't know <u>why</u> <u>Miki</u> <u>is</u> <u>sad</u>.

□ 美紀は私が昼食を作るのを手伝ってくれました。　Miki <u>helped</u> <u>me</u> <u>cook</u> lunch.

□ 私たちは試合を始める準備ができています。　We <u>are</u> <u>ready</u> <u>to</u> start the game.

□ 私たちはこの問題に対処できません。　We can't <u>deal</u> <u>with</u> this problem.

□ 私はその言葉の意味を理解することができません。　I can't <u>figure</u> <u>out</u> the meaning of the word.

□ 私たちは祭りで楽しい時を過ごしました。　We <u>had</u> <u>a</u> <u>great</u> <u>time</u> at the festival.

□ 世界には困っている人がたくさんいます。　There are a lot of people <u>in</u> <u>need</u> in the world.

□ 私は将来, 医者になりたいです。　I want to be a doctor <u>in</u> <u>the</u> <u>future</u>.

□ あなたが大阪へ行ったあとも連絡を取り合いましょう。　Let's <u>keep</u> <u>in</u> <u>touch</u> after you go to Osaka.

□ 人生で大きな決断をするのは難しいです。　It's difficult to <u>make</u> <u>a</u> big <u>decision</u> in life.

□ どうすれば友達と仲直りできるでしょうか。　How can I <u>make</u> <u>up</u> <u>with</u> <u>my</u> <u>friend</u>?

□ ピアノだけでなく, 彼はギターもひきます。　<u>Not</u> <u>only</u> the piano, he plays the guitar.

□ 今, 教室から外へ出てはいけません。　Don't go <u>out</u> <u>of</u> the classroom now.

□ 彼女は長い時間を彼女の仕事に費やしました。　She <u>put</u> a long time <u>into</u> her work.

□ 下のリストを参照してください。　Please <u>refer</u> <u>to</u> the list below.

□ 彼は日本史について研究しています。　He <u>researches</u> <u>on</u> Japanese history.

□ 私はこれまでより熱心に練習しました。　I practiced harder <u>than</u> <u>ever</u> <u>before</u>.

□ 実を言えば, 私が窓を割ったのです。　<u>To</u> <u>tell</u> <u>the</u> <u>truth</u>, I broke the window.

□ 私の兄は鉄道会社で働いています。　My brother <u>works</u> <u>for</u> <u>a</u> <u>train</u> <u>company</u>.

[GET Plus 3]

□ 私はあなたに部屋の飾りつけをしてもらいたいです。　I <u>want</u> you <u>to</u> decorate the room.

[Project 3]

□ 私の計画はあなたのものと違っています。　My plans <u>are</u> <u>different</u> <u>from</u> yours.

✓ 重要語チェック 英単語を覚えましょう。

[Reading for Fun 2]

□セント	名cent
□お金	名money
□クリスマス	名Christmas
□夫	名husband
□灰色の	形gray
□へい	名fence
□庭	名yard
□疲れ果てた	形exhausted
□輝く	形shiny
□…を(取り)扱う	動deal
□商品	名goods
□アパート	名apartment
□受け入れる	動accept
□探す	動hunt
□結婚する	動marry
□暗い	形dark
□〔ドアなどを〕ノックする；(強く)たたく	動knock
□着古した	形shabby
□髪飾り	名comb
□宝石	名jewel
□涙	名tear
□沈黙した	形silent
□ほほえむ	動smile
□輝く	動shine
□美しく	副beautifully
□妻	名wife

[Reading for Fun 3]

□観察する	動observe
□注意深く	副carefully
□実例	名instance
□学問の	形academic
□明らかにする	動clarify
□方法	名method
□スイス人の	形Swiss
□毛	名fur
□接近して	副closely
□かぎ	名hook
□…の上に	前onto
□輪	名loop
□抵抗	名resistance
□入る	動enter
□速度	名speed
□圧力	名pressure
□前へ	副ahead
□急な	形sudden
□騒音	名noise
□いらいらさせる	動annoy
□彼自身に	代himself
□何とかうまく…する	動manage
□くちばし	名beak
□飛び込む	動dive
□なめらかに	副smoothly
□水しぶき	名splash
□まねる	動imitate
□減らす	動lower
□〔due to ...〕…が原因で	形due

19

□もたらす	動produce	□特定の	形specific
□旅行者	名traveler	□適応	名adaptation
□近くに	副nearby	□種	名seed
□進化する	動evolve	□工学	名engineering
□発展させる	動develop	□知恵	名wisdom

✓ 重要文 チェック 日本語を見て英文が言えるようになりましょう。

[Reading for Fun 2]

□私たちはあなたが料理するものは全て好きです。
We like **everything you cook**.

□あなたは今日，テストがありますよね。
You have a test today, **don't you**?

□彼は私にひとそろいの本をくれました。
He gave me **a set of** books.

□彼らはなわを切りました。
They **cut off** the rope.

□しばらく休みましょう。
Let's rest **for a while**.

□コンビニエンスストアのところまで行きます。
I'll **go up to** the convenience store.

□私は帽子から葉を払い落としました。
I **knocked** the leaves **off** my hat.

□「何か変だな」と私はひとりごとを言いました。
"Something strange," I **said to myself**.

□ここで帽子を脱いでください。
Please **take off** your cap here.

[Reading for Fun 3]

□その試合で，私たちは以前よりうまくプレーできました。
In the game, we could play **better than** before.

□天気が悪いために，私たちは出かけられません。
We can't go out **due to** the bad weather.

□木を切ることが大きな問題を起こす結果になりました。
Cutting trees **resulted in** a big problem.

□雪の日は速度を落とさなければなりません。
You must **slow down** on a snowy day.

❷ [(ずっと)…し続けていますか。(現在完了進行形・疑問文)]

解答欄

□ ❶ 彼女は１時間ずっと電話で話し続けていますか。

——はい，話し続けています。

[Has][she][been] talking on the phone for an hour?

—— Yes, she [has].

❶

□ ❷ あなたはきのうからずっと鍵(かぎ)を探し続けていますか。

——いいえ，探し続けていません。

[Have] you [been][looking] for the key since

yesterday?

—— No, I [haven't].

❷

□ ❸ 彼らはどれくらい長く公園で走り続けていますか。

——30分間走り続けています。

[How][long] have they been [running] in the park?

——[For] thirty minutes.

❸

POINT ....

❷ [(ずっと)…し続けていますか。(現在完了進行形・疑問文)]

「(ずっと)…し続けていますか。」→〈Have[Has]＋主語＋been＋動詞の-ing形 …?〉

・Have you been playing soccer for a long time?　[あなたは長い間サッカーをし続けていますか。)

└ 主語の前にhaveを出す

「どれくらい長く…し続けていますか。」→〈How long have[has]＋主語＋been＋動詞の-ing形 …?〉

・How long have you been playing soccer?　[あなたはどれくらい長くサッカーをし続けていますか。]

└ 期間をたずねる　　└ 疑問文の形を続ける

—— For two hours. / Since this morning.　[２時間し続けています。／今朝からし続けています。]

> あとに期間を表す語句が続くときは for，あとに過去の起点となる語句が続くときは since を使おう。

3

Step 2 予想問題 Power of Music
Starter 〜 文法のまとめ①

40分
(1ページ10分)

❶ ❶〜❻は単語の意味を書き，❼〜⓬は日本語を英語にしなさい。 💡ヒント

☐❶ launch （　　　） ☐❷ seem （　　　）

☐❸ remind （　　　） ☐❹ trust （　　　）

☐❺ encourage （　　　） ☐❻ rough （　　　）

☐❼ 建物，建築物 ＿＿＿ ☐❽ 憎しみ ＿＿＿

☐❾ (ごく)近い；親密な ＿＿＿ ☐❿ (…する)間に ＿＿＿

☐⓫ 問題(点)，争点 ＿＿＿ ☐⓬ 動かす；動く ＿＿＿

❶
❿接続詞。「…の間に」を
表す前置詞はduring。

❷ 次の各語で，最も強く発音する部分の記号を〇で囲みなさい。

☐❶ al-bum
　ア　イ

☐❷ trum-pet
　　　ア　イ

☐❸ in-struc-tion
　　　ア　イ　ウ

❷
vacationやactionなど，-tionで終わる語は，直前を強く発音することが多いよ。

❸ 次の日本語に合う英文になるように，（　）内に入れるのに最も
適切な語句を選んで，記号を〇で囲みなさい。

☐❶ 日ごとに寒くなってきています。
It is getting colder day （　　） day.
㋐ and　㋑ by　㋒ or　㋓ on

☐❷ 私は私たちが子どもだったころから彼女を知っています。
I have （　　） her since we were children.
㋐ know　㋑ known　㋒ been known
㋓ been knowing

☐❸ 私は約2時間ずっとリョウタを待ち続けています。
I've been （　　） for Ryota for about two hours.
㋐ wait　㋑ waited　㋒ to wait　㋓ waiting

☐❹ あなたのお兄さんたちは今朝からずっとテレビを見続けていますか。
（　　） your brothers been watching TV since this morning?
㋐ Have　㋑ Has　㋒ Does　㋓ Are

☐❺ 彼女はどれくらい長く部屋をそうじし続けていますか。
How （　　） has she been cleaning her room?
㋐ many　㋑ much　㋒ long　㋓ far

❸
❷knowは状態を表す
動詞。
❸I'veはI haveの短縮
形。
❹主語はyour brothers
と複数形。

4 次の日本語に合う英文になるように，
＿＿＿ に適切な語を書きなさい。

□**①** 私はよい考えを思いつきました。
I ＿＿＿＿＿＿＿＿＿＿＿＿＿＿＿ a good idea.

□**②** 私は１か月間ロンドンに滞在することを決めました。
I ＿＿＿＿＿＿＿＿＿ stay in London for a month.

□**③** 彼はこのコンピューターを３時間ずっと使い続けています。
He ＿＿＿＿＿＿＿＿＿＿＿＿＿ this
computer for three hours.

□**④** あなたの妹は昨夜10時からずっと眠り続けていますか。
—— はい，眠り続けています。
＿＿＿＿＿ your sister ＿＿＿＿ sleeping
＿＿＿＿＿ ten last night?
—— Yes, ＿＿＿＿＿＿＿＿ .

□**⑤** あなたはどれくらい長く数学を勉強し続けていますか。
—— 朝食を食べてからです。
＿＿＿＿＿＿＿＿＿ have you been ＿＿＿＿＿
math?
—— ＿＿＿＿＿ I ＿＿＿＿＿ breakfast.

5 次の＿＿＿に適切な語を，＿＿の中から選び，適切な形にかえて
書きなさい。ただし，同じ語をくり返し使うことはできません。
また，できた英文を日本語にしなさい。

□**①** Has it been ＿＿＿＿＿ since yesterday?
( )

□**②** I have been ＿＿＿＿＿ to the radio for three hours.
( )

□**③** Have you ＿＿＿＿＿ a new bag for a long time?
( )

□**④** My brother has been ＿＿＿＿＿ his homework since this
morning.
( )

| listen | want | rain | do |

4
①「…を思いつく」は come（ ）（ ）…。
③ use の -ing 形は e をとって ing をつける。
⑤ 期間をたずねる文。答えの文は，〈主語＋動詞 …〉があとに続いている点に注意する。

5 ミスに注意
状態を表す動詞はふつう進行形にしない。

❻ 次の文を( )内の指示にしたがって書きかえるとき，
　　　　に適切な語を書きなさい。

☐ ❶ Taku practices the guitar.
（「１時間ずっと」という意味を加えて，現在完了進行形の文に）
Taku ＿＿＿＿＿＿＿＿＿ ＿＿＿＿＿＿＿＿＿ practicing the guitar
＿＿＿＿＿＿＿＿＿ an hour.

☐ ❷ My sister bakes a cake.
（「今朝からずっと」という意味を加えて，現在完了進行形の文に）
My sister ＿＿＿＿＿＿＿ been ＿＿＿＿＿＿＿＿ a cake
＿＿＿＿＿＿＿＿＿ this morning.

☐ ❸ I began to read a book thirty minutes ago, and I'm still
reading it. （ほぼ同じ意味の文に）
I ＿＿＿＿＿＿＿＿＿＿＿＿＿＿ ＿＿＿＿＿＿＿＿＿＿ a book
＿＿＿＿＿＿＿＿＿ thirty minutes.

☐ ❹ Miyu and I have been waiting for the singer since ten o'clock.
（下線部をたずねる疑問文に）
＿＿＿＿＿＿＿＿＿＿＿＿＿＿ have Miyu and you
＿＿＿＿＿＿＿＿＿ waiting for the singer?

❼ 次の文に対する応答として適切なものを，
　　( )内を参考に英語で書きなさい。

☐ ❶ Has Kaori been walking her dog for thirty minutes?
（Yesで答える）

☐ ❷ Have the girls been painting pictures for many hours?
（Noで答える）

☐ ❸ What have you been doing since this morning?
（「手紙を書いています」と答える）

☐ ❹ How long has it been snowing in Hokkaido?
（「先月からです」と答える）

6　［解答 ▶ p.1］

💡ヒント

❻
❸「私は30分前に本を読み始めて，まだそれを読んでいます。」→「私は30分間本を読み続けています。」
❹「いつから」とたずねる文にする。

❼
❸「あなたは今朝から何をし続けていますか。」という疑問文に具体的な内容を答える。

❽ 次の英文を日本語にしなさい。

□ ❶ Do you recommend any movies in particular?

    (　　　　　　　　　　　　　　　　　　　　　　　)

□ ❷ I didn't give up my future dream.

    (　　　　　　　　　　　　　　　　　　　　　　　)

□ ❸ Has the baby been crying for a long time?

    (　　　　　　　　　　　　　　　　　　　　　　　)

□ ❹ How long have the students been doing volunteer work?

    (　　　　　　　　　　　　　　　　　　　　　　　)

❾ 次の日本語に合う英文になるように，
（　）内の語句を並べかえなさい。

□ ❶ 彼女たちは昨夜からずっと話し続けています。

    (talking / they / last night / been / since / have).

    _____ .

□ ❷ あなたのお兄さんはどれくらい長く野球をし続けていますか。

    (playing / your brother / long / has / baseball / how / been)?

    _____ ?

□ ❸ その歌手は2時間ずっと歌い続けています。

    (been / the singer / hours / for / has / two / singing).

    _____ .

□ ❹ 私は3時間以上図書館で勉強し続けています。

    (three / I / more than / in / studying / hours / have / the library / been / for).

    _____ .

❿ 次の日本語を現在完了進行形を用いて，英文にしなさい。

□ ❶ 私は3日間ずっと東京に滞在し続けています。

    _____

□ ❷ 彼女は今朝からずっと映画を見続けています。

    _____

□ ❸ あなたはどれくらい長く彼を待ち続けているのですか。

    _____

🔔ヒント

❽
❸現在完了進行形の疑問文。
❹期間をたずねる文。

❾

❹「…より多く」はmore than …で表す。厳密に言うと, more than three hours は「3時間ちょうど」は含まない。

❿
❶stay は現在完了形でも現在完了進行形でもほぼ同じ意味を表すことができる。
❸「…を待つ」はwait for …。

Step 3 予想テスト Power of Music Starter 〜 文法のまとめ①

30分 /100点 目標80点

❶ 次の日本語に合う英文になるように，＿＿に適切な語を書きなさい。知 15点（各完答5点）

❶ 私の父は2年前からずっと花を育て続けています。

My father ＿＿＿＿ ＿＿＿＿ ＿＿＿＿ flowers since two years ago.

❷ 3日前からずっと雨が降り続いています。

It has ＿＿＿＿ ＿＿＿＿ ＿＿＿＿ three days.

❸ 彼女たちは1時間ずっと泳ぎ続けています。

They ＿＿＿＿ ＿＿＿＿ ＿＿＿＿ for an hour.

❷ 次の（ ）内から適する語句を選び，記号で答えなさい。また，完成した英文を日本語にしなさい。知 15点（各5点）

❶ She （ ⑦ has wanted ④ has been wanting ）a computer since last month.

❷ （ ⑦ How long ④ How many times ）have you been watching TV?

❸ I （ ⑦ have known ④ have been knowing ）Yuri for ten years.

❸ 次の日本語に合う英文になるように，（ ）内の語句を並べかえなさい。知 15点（各5点）

❶ あなたは昨夜からずっと勉強し続けていますか。

(last night / you / studying / have / since / been)?

❷ あなたの妹はいつからテレビゲームをし続けていますか。

(long / a video game / your sister / playing / how / been / has)?

❸ リョウは宿題を終えてからずっとピアノを練習し続けています。

(he / Ryo / been / has / his homework / the piano / finished / practicing / since).

❹ 次の会話を読んで，あとの問いに答えなさい。知 35点

Ms. Brown: What is your band going to play at the school festival?

Riku: Well, ①we haven't decided yet. We have been discussing ②it since last week.

Ms. Brown: I see. Have you come up with any ideas?

Riku: ③Yes. We've narrowed down the list to two songs: "Stand by Me" and "True Colors".

教科書 pp.5-18

❶ 下線部①を日本語にしなさい。　(10点)

❷ 下線部②が指す具体的な内容を日本語で答えなさい。　(10点)

❸ 下線部③の内容を次のように表すとき，（　）に適切な日本語を答えなさい。　(10点)

　陸たちは何か考えを（　　　）。

❹ 本文の内容について次の質問に３語の英語で答えなさい。　(5点)

　Is Riku's band going to play two songs at the school festival?

❺ 次の絵を見て，「ずっと…し続けています。」という英文を書きなさい。 表　20点(各10点)

①

②

❶	❶		
	❷		
	❸		
❷	❶		
	❷		
	❸		
❸	❶		?
	❷		?
	❸		.
❹	❶		
	❷		
	❸		
	❹		
❺	❶		
	❷		

| Step 1 | 基本チェック | Lesson 2 Languages in India ～ Project 1 | 10分 |

■ 赤シートを使って答えよう!

❶ [⋯され(てい)ます。(受け身形・現在)]

解答欄

□❶ この教室は毎日使われています。

This classroom [is] [used] every day.

❶

□❷ オーストラリアでは英語が話されています。

English [is] [spoken] in Australia.

❷

❷ [⋯され(てい)ました。(受け身形・過去)]

□❶ このいすは私の父によって作られました。

This chair [was] [made] [by] my father.

❶

□❷ これらの手紙はユカリによって書かれました。

These letters [were] [written] [by] Yukari.

❷

POINT

❶ [⋯され(てい)ます。(受け身形・現在)]

「⋯され(てい)ます。」→〈be動詞の現在形(is, am, are)+動詞の過去分詞〉

・The kitchen is cleaned every day. [その台所は毎日そうじされます。]
    └主語が3人称単数なのでis

※be動詞は主語によって使い分ける。

❷ [⋯され(てい)ました。(受け身形・過去)]

「⋯され(てい)ました」→〈be動詞の過去形(was, were)+動詞の過去分詞〉

・This picture was painted by Picasso. [この絵はピカソによって描かれました。]
    └be動詞を過去形に └動作をした人はby ...で表す。

【by ...が省略されるとき】

①動作をした人が一般的な「人々」を表すとき

②動作をした人が特定できないとき

③動作をした人を言う必要がないとき

> English is spoken in Australia (by people).のような文では，わざわざ言わなくても英語を話すのは「人々」だとわかるので省略することが多いよ。

❸ [···され(てい)ますか。／···され(てい)ません。(受け身形・疑問文, 否定文)]

□**❶** あなたの部屋は毎日そうじされていますか。

  —— はい，されています。

  [Is] your room [cleaned] every day?

  —— Yes, it [is].

❶

□**❷** この寺はいつ建てられたのですか。

  ——約150年前です。

  [When] [was] this temple [built]?

  —— About 150 years ago.

❷

□**❸** この写真は私の兄が撮ったのではありません。

  This picture [was] [not] [taken] by my brother.

❸

POINT

❸ [···され(てい)ますか。／···され(てい)ません。(受け身形・疑問文, 否定文)]

「···され(てい)ますか。」→〈be動詞＋主語＋動詞の過去分詞 ...?〉

疑問文 ・Is the kitchen cleaned every day?　[その台所は毎日そうじされますか。]

  └主語の前にbe動詞を出す

応答文　—— Yes, it is. / No, it is not.　[はい，されます。／いいえ，されません。]

※疑問詞で始まる疑問文は，疑問詞のあとに疑問文の形を続ける。

「···され(てい)ません。」→〈主語＋be動詞＋not＋動詞の過去分詞 ....〉

否定文 ・The kitchen is not cleaned every day.　[その台所は毎日そうじされません。]

  └be動詞のあとにnotを置く

疑問文や否定文の作り方は，be動詞の文と同じだね。

11

Step 2 予想問題 · Lesson 2 Languages in India ～ Project 1

40分
(1ページ10分)

❶ ❶〜❻は単語の意味を書き，❼〜⓬は日本語を英語にしなさい。 🔍ヒント

☐❶ film （　　　　　） ☐❷ tale （　　　　　）

☐❸ literature （　　　　　） ☐❹ compose （　　　　　）

☐❺ billion （　　　　　） ☐❻ mostly （　　　　　）

☐❼ 体系；方式 ＿＿＿＿＿ ☐❽ …(する)まで(ずっと) ＿＿＿＿＿

☐❾ 通り抜けて ＿＿＿＿＿ ☐❿ 残る，とどまる ＿＿＿＿＿

☐⓫ 提案 ＿＿＿＿＿ ☐⓬ 会社，仕事 ＿＿＿＿＿

❶
❶movieと同じ意味。

イギリスではfilm，アメリカではmovieが主に使われるよ。

❷storyと同じ意味。
❺millionは「100万」

❷ 次の各語で，最も強く発音する部分の記号を〇で囲みなさい。

☐❶ In-di-an
　　 ア イ ウ

☐❷ de-liv-er
　　 ア イ ウ

☐❸ of-fi-cial
　　 ア イ ウ

❸ 次の日本語に合う英文になるように，（　）内に入れるのに最も
適切な語句を選んで，記号を〇で囲みなさい。

☐❶ その博物館は多くの人々に訪れられています。
　　 The museum is （　　） by many people.
　　 ㋐ visit　　㋑ visited　　㋒ visiting　　㋓ to visit

☐❷ 私たちの学校は20年前に建てられました。
　　 Our school （　　） twenty years ago.
　　 ㋐ is build　　㋑ is built　　㋒ was build　　㋓ was built

☐❸ その国では英語が話されていません。
　　 English （　　） spoken in the country.
　　 ㋐ isn't　　㋑ aren't　　㋒ doesn't　　㋓ wasn't

☐❹ そのラグビーの試合は多くの人々に見られましたか。
　　 （　　） the rugby game watched by a lot of people?
　　 ㋐ Was　　㋑ Were　　㋒ Is　　㋓ Are

☐❺ そのコンピューターはいつ使われましたか。
　　 When was the computer （　　）?
　　 ㋐ use　　㋑ uses　　㋒ used　　㋓ using

❸
❶受け身形の文は〈be動詞＋動詞の過去分詞〉の形。
❷twenty years agoに注目。
❸spokenはspeakの過去分詞。
❹疑問文はbe動詞を主語の前に出す。
❺受け身形の疑問文。

点UP

❹ 次の日本語に合う英文になるように，
　　　　に適切な語を書きなさい。

ヒント

❹
❶「…次第である」という表現。
❷「勇気づける」はencourage。
❸否定文はbe動詞のあとにnotを置く。ここでは短縮形を使う。
❹主語がイヌなので「…で見つけられました」と考える。
❺「見られますか」と考え，seeの過去分詞を使う。

□❶ それは天気次第です。

It ＿＿＿＿＿＿＿＿＿＿＿＿＿ the weather.

□❷ 私たちは彼のことばに勇気づけられました。

We ＿＿＿＿＿＿＿＿＿＿＿＿＿＿ his words.

□❸ その辞書はこの店では売られていません。

The dictionary ＿＿＿＿＿＿＿＿＿ at this store.

□❹ 私たちのイヌはその公園で見つかりました。

Our dog ＿＿＿＿＿＿＿＿＿＿ in the park.

□❺ ここから富士山が見えますか。

——はい，見えます。

＿＿＿＿＿ Mt. Fuji ＿＿＿＿ from here?

—— Yes, ＿＿＿＿＿＿＿＿＿＿＿ .

□❻ ガイドブックによれば，そこには新しい水族館があります。

＿＿＿＿＿＿＿＿＿＿＿ the guidebook, there is a
new aquarium there.

❺ 次の（　）内の動詞を適切な形にして，　　　に書きなさい。
また，できた英文を日本語にしなさい。

❺
❶❹❺不規則動詞。
❹ **✕ ミスに注意**
readは原形[riːd]と過去分詞[red]の発音のちがいに注意。

□❶ The festival is ＿＿＿＿＿＿＿ every fall. （ hold ）

（　　　　　　　　　　　　　　　　　　　　　）

□❷ The box was ＿＿＿＿＿ to the kitchen. （ carry ）

（　　　　　　　　　　　　　　　　　　　　　）

□❸ The dishes are ＿＿＿＿＿ by my sister. （ wash ）

（　　　　　　　　　　　　　　　　　　　　　）

□❹ These books were ＿＿＿＿＿ by many children. （ read ）

（　　　　　　　　　　　　　　　　　　　　　）

□❺ What songs were ＿＿＿＿＿ at the party? （ sing ）

（　　　　　　　　　　　　　　　　　　　　　）

6 次の文を（ ）内の指示にしたがって書きかえるとき，
　　 に適切な語を書きなさい。

☐ **1** Our teacher always says these words. （受け身形に）
These words ＿＿＿＿＿＿＿ always
＿＿＿＿＿＿＿ our teacher.

☐ **2** The song is liked by young people. （否定文に）
The song ＿＿＿＿＿＿＿＿＿＿＿ by
young people.

☐ **3** These cups are made in America.
（疑問文にして，Noで答える文に）
＿＿＿＿＿＿＿ these cups ＿＿＿＿＿＿＿ in America?
—— No, ＿＿＿＿＿＿＿ .

☐ **4** These pictures were taken in Hawaii. （下線部をたずねる疑問文に）
＿＿＿＿＿＿＿ these pictures ＿＿＿＿＿ ?

7 次の文がほぼ同じ意味の英文になるように，
　　 に適切な語を書きなさい。

☐ **1** Ms. Brown teaches English at this school.
English ＿＿＿＿＿＿＿
Ms. Brown at this school.

☐ **2** The students don't create the maps.
The maps ＿＿＿＿＿ ＿＿＿＿＿ the
students.

☐ **3** Ami didn't cook lunch yesterday.
Lunch ＿＿＿＿＿＿＿ Ami
yesterday.

☐ **4** The man wrote these books.
These books ＿＿＿＿＿＿＿
the man.

☐ **5** Does the girl water those flowers?
＿＿＿＿＿＿＿ those flowers
the girl?

💡 ヒント

6
1 主語の人称と時制に注意しよう。
2 否定文はbe動詞のあとにnotを置く。
3 疑問文は主語の前にbe動詞を出し，答えの文でもbe動詞を使う。
4 場所をたずねる文にする。

7 ❌ ミスに注意
1〜**5** 受け身形にする。受け身形の文では，もとの文の「…を」にあたる語が主語になる。主語の人称・時制・否定文か疑問文かなどに注意しよう。
5 waterは「水をやる」という意味の動詞。

❽ 次の英文を日本語にしなさい。

□ **❶** I came across him near the library yesterday.

(   )

□ **❷** This newspaper was delivered this morning.

(   )

□ **❸** English and French are spoken in this country.

(   )

□ **❹** Were the windows opened this morning?

(   )

❾ 次の日本語に合う英文になるように，
（　）内の語句を並べかえなさい。

□ **❶** 私は誕生日にこの自転車をもらいました。
(this bicycle / I / my birthday / given / was / for).

_____ .

□ **❷** 昨夜，そのドアにはかぎがかけられていませんでした。
(night / locked / not / last / the door / was).

_____ .

□ **❸** 私は困っているとき，そのことばが思い出されます。
The words (remembered / trouble / are / when / in / I'm).
The words _____ .

□ **❹** その腕時計はどこで売られていますか。
(sold / the watch / where / is)?

_____ ?

❾
❶「もらいました」→
「与えられました」と
考える。
❸「困っている」be in
trouble。
❹場所をたずねる疑問
詞で文を始めて，受
け身形の疑問文の形
を続ける。

❿ 次の日本語を受け身形を用いて，英文にしなさい。

□ **❶** この手紙は英語で書かれています。

_____

□ **❷** あの家は３年前に建てられました。

_____

□ **❸** このコンピューターはあなたの妹によって使われていますか。

_____

Step 3 予想テスト Lesson 2 Languages in India ～ Project 1

30分 /100点 目標 80点

❶ 次の日本語に合う英文になるように，＿＿に適切な語を書きなさい。 知 15点(各完答5点)

❶ 理科は佐々木先生に教えられました。

Science ＿＿＿＿ ＿＿＿＿ ＿＿＿＿ Mr. Sasaki.

❷ この腕時計は日本製です。

This watch is ＿＿＿＿ ＿＿＿＿ Japan.

❸ これらの本は多くの子どもたちに愛されています。

These books ＿＿＿＿ ＿＿＿＿ ＿＿＿＿ many children.

❷ 次の文がほぼ同じ意味の英文になるように，＿＿に適切な語を書きなさい。 知

15点(各完答5点)

❶ We see Tokyo Skytree from my house.

Tokyo Skytree ＿＿＿＿ ＿＿＿＿ from my house.

❷ A lot of foreign people visited Kyoto last year.

Kyoto ＿＿＿＿ ＿＿＿＿ ＿＿＿＿ a lot of foreign people last year.

❸ The girls didn't sing those songs at the party.

Those songs ＿＿＿＿ ＿＿＿＿ ＿＿＿＿ the girls at the party.

❸ 日本語に合う英文になるように，（　）内の語句を並べかえなさい。ただし，下線の引いてある語は適切な形にかえなさい。 知

15点(各5点)

❶ その演奏会は毎年いつ行われますか。

(the concert / every / when / year / hold / is)?

❷ 日本では，教室は生徒によってそうじされます。

In Japan, (students / clean / classrooms / by / are).

❸ この本は私のおじによって書かれました。

(my uncle / by / this book / write / was).

❹ 次のディヌー(Dinu)の話を読んで，あとの問いに答えなさい。 知

35点

　　Rupee notes are ①(use) in India. This is a ten rupee ②note. Many languages are printed on it.

　　I speak Marathi with my family at home. I use Hindi with my friends and English at school. My use of these languages depends on the person and situation.

❶ 下線部①を適切な形にしなさい。 (8点)

❷ 下線部②はここではどんな意味ですか。次の中から１つ選び，記号で答えなさい。 (7点)

　　㋐ ノート　　㋑ メモ　　㋒ 紙幣

❸ 本文の内容に合うように，次の英文の（ ）に適切な語を答えなさい。 (完答10点)

　　Marathi （　　）（　　）（　　） Dinu's family at home.

❹ ディヌーは何によってことばを使い分けていますか。日本語で２つ答えなさい。 (各5点)

❺ **新しいALTの先生にインタビューすることになりました。次のメモをもとに，質問文を英語で書きなさい。ただし，受け身形の文にすること。**表 20点(各10点)

〈質問のメモ〉

> ❶ 先生の国で話されている言語は何か。
> ❷ 先生は家族に何と呼ばれているか。

❶	❶				❷			
	❸							
❷	❶			❷				
	❸							
❸	❶							?
	❷ In Japan,							.
	❸							.
❹	❶		❷					
	❸							
	❹							
❺	❶							
	❷							

Step 1 基本チェック

Lesson 3 The Story of Sadako ～文法のまとめ③

 10分

■ 赤シートを使って答えよう！

❶[後置修飾（動詞の-ing形）]

解答欄

☐❶ 私はケンと話している女の子を知っています。

I know the girl [talking] with Ken.

❶

☐❷ テレビを見ている男性はマークのお父さんです。

The man [watching] TV is Mark's father.

❷

❷[後置修飾（過去分詞）]

☐❶ 私の兄は日本製の腕時計をほしがっています。

My brother wants a watch [made] in Japan.

❶

☐❷ 私は村上春樹によって書かれた本を読みました。

I read a book [written] by Murakami Haruki.

❷

POINT

❶[後置修飾（動詞の-ing形）]

「～している…」→〈名詞＋動詞の-ing形＋語句〉

・The girl playing tennis is Yuka. ［テニスをしている女の子は由佳です。］
名詞 〈動詞の-ing形＋語句〉

※名詞を修飾する語が動詞の-ing形1語のときは，〈動詞の-ing形＋名詞〉の語順になる。

（例）The running boy is Koji. ［走っている男の子はコウジです。］

❷[後置修飾（過去分詞）]

「～された…」→〈名詞＋過去分詞＋語句〉

・This is a famous book written by Soseki. ［これは，漱石によって書かれた有名な本です。］
名詞 〈過去分詞＋語句〉

※名詞を修飾する語が過去分詞1語のときは，〈過去分詞＋名詞〉の語順になる。

（例）I saw damaged things on a display.

［私は被害を受けたものが展示されているのを見ました。］

名詞のあとに語句をつけて名詞を説明する形を後置修飾，名詞の前に語句をつけて名詞を説明する形を前置修飾と言うよ。

❸ [不定詞(〜して…)]

☐ **❶** 私はあなたの手紙を読んでうれしいです。

I'm happy [to] [read] your letter.

❶

☐ **❷** 私たちはあなたと一緒にいられてうれしいです。

We are glad [to] [be] with you.

❷

POINT

❸ [不定詞(〜して…)]

「…してうれしい」→〈be glad to + 動詞の原形〉

※「〜して…」と感情の原因・理由を表すときは〈be動詞 + 形容詞 + to + 動詞の原形〉で表す。

・I'm glad to <u>hear</u> that.
　　　　　　　 └─ 動詞の原形

[私はそれを聞いてうれしいです。]

> 〈to + 動詞の原形〉が感情の原因や理由を表すよ。I'm glad to hear that. は glad「うれしい」と感じた理由を to hear ...「…を聞いて」で表しているんだね。

【その他の前置修飾と後置修飾の例】

《前置修飾》名詞の前に語句をつけて，名詞を説明する形。

・〈形容詞 + 名詞〉

　（例）My sister has a new |computer| . [私の姉は新しい|コンピューター|を持っています。]
　　　　　　　　　 形容詞└────┘名詞

《後置修飾》名詞のあとに語句をつけて，名詞を説明する形。

・〈名詞 + to + 動詞の原形〉to不定詞の形容詞用法

　（例）Yokohama has |many things| to see . [横浜には見るべき|たくさんのもの|があります。]
　　　　　　　　　　 名詞└────┘to不定詞

・〈名詞 + 前置詞 + 語句〉

　（例）This is |a picture| of my family . [これは私の家族の|写真|です。]
　　　　　　　　 名詞└────┘〈前置詞 + 語句〉

19

Step 2 予想問題 ● Lesson 3 The Story of Sadako ～文法のまとめ③

40分
(1ページ10分)

❶ ❶～❻は単語の意味を書き，❼～⓬は日本語を英語にしなさい。 💡ヒント

☐❶ flash （　　　　　）　　☐❷ sickness （　　　　　）

☐❸ purse （　　　　　）　　☐❹ destroy （　　　　　）

☐❺ reality （　　　　　）　　☐❻ survive （　　　　　）

☐❼ 引き起こす ＿＿＿＿＿　　☐❽ 特に，とりわけ ＿＿＿＿＿

☐❾ 受け取る ＿＿＿＿＿　　☐❿ ガラス，コップ ＿＿＿＿＿

☐⓫ 終わり；終える ＿＿＿＿＿　　☐⓬ 今夜(は) ＿＿＿＿＿

❶
❷形容詞に -ness がつくと名詞になる。
❸wallet と同じ意味。

> wallet：主に男性用
> purse：主に女性用

❾send の反意語。

❷ 次の各語で，最も強く発音する部分の記号を〇で囲みなさい。

☐❶ dam-age
　　ア　イ

☐❷ dis-count
　　ア　イ

☐❸ me-mo-ri-al
　　ア　イ　ウ　エ

❸ 次の日本語に合う英文になるように，（　）内に入れるのに最も適切な語句を選んで，記号を〇で囲みなさい。

☐❶ 少なくとも週に１回私に電話をしてください。
Please call me （　　） least once a week.
㋐ in　　㋑ at　　㋒ on　　㋓ for

☐❷ 私には東京に住んでいる友達がいます。
I have a friend （　　） in Tokyo.
㋐ live　　㋑ lived　　㋒ living　　㋓ to live

☐❸ 京都は多くの外国人に訪れられる都市です。
Kyoto is a city （　　） by a lot of foreign people.
㋐ visit　　㋑ visited　　㋒ visiting　　㋓ to visit

☐❹ 私はあなたの手紙を受け取ってうれしかったです。
I was happy （　　） your letter.
㋐ receive　　㋑ received　　㋒ receiving　　㋓ to receive

❸
❶「少なくとも」は（　） least。
❷「東京に住んでいる」が「友達」を修飾している。
❸「多くの外国人に訪れられる」が「都市」を修飾している。
❹「～して…」と感情の理由・原因を表す表現。

❹ 次の文に（　）内の語句を入れるとき，どこが適切ですか。記号を選んで〇で囲みなさい。また，できた英文を日本文にするとき，（　）内に適する日本語を書きなさい。

❹ **❌ ミスに注意**
名詞を後ろから修飾する形は日本語にはないので，しっかり覚えておく。
〈名詞＋動詞の-ing形＋語句〉「～している…」
〈名詞＋過去分詞＋語句〉「～された…」
ただし，1語で名詞を修飾するときは名詞の前に置く。

□**❶** I　have　a　friend　.　(called Miku)
　　 ア　 イ　　 ウ　　 エ
私には（　　　　　　　　　　　　　　　　　　）がいます。

□**❷** Can　you　see　the cat　?　(sleeping under the bed)
　　　 ア　 イ　　 ウ　　 エ
あなたは（　　　　　　　　　　　　　　　　　）が見えますか。

□**❸** Look　at　that　girl　.　(playing the piano)
　　　 ア　 イ　　 ウ　 エ
（　　　　　　　　　　　　　　　　　　　）を見てください。

□**❹** The soccer game　was　very　exciting　.　(played yesterday)
　　　　　　　　　 ア　　 イ　　　 ウ　　　 エ
（　　　　　　　　　　　　　　）はとてもわくわくしました。

□**❺** Is　the　dog　yours　?　(sleeping)
　　 ア　 イ　　 ウ　　 エ
（　　　　　　　　　　　　　　）はあなたのものですか。

❺ 次の日本語に合う英文になるように，＿＿に適切な語を書きなさい。

❺
❶「最初」を2語で表す。
❷～❹名詞を後ろから修飾する形。
❺感情の原因はto不定詞で表す。

□**❶** 最初，私は彼が好きではありませんでしたが，私たちは良い友達になりました。
＿＿＿＿＿ ＿＿＿＿＿, I didn't like him, but we became good friends.

□**❷** これは50年前に建てられた家です。
This is the ＿＿＿＿＿ ＿＿＿＿＿ fifty years ago.

□**❸** 向こうで走っている男の子はショウタです。
The ＿＿＿＿＿ ＿＿＿＿＿ over there is Shota.

□**❹** ベンチにすわっている女の子を知っていますか。
Do you know the ＿＿＿＿＿ ＿＿＿＿＿ on the bench?

□**❺** 私は彼の言葉を聞いてうれしかったです。
I was glad ＿＿＿＿＿ ＿＿＿＿＿ his words.

□ ❻ これらは兄が撮った写真です。

These are the pictures _____ my
brother.

□ ❼ どういう意味ですか。 _____ do you _____ ?

❻ 次の（ ）内の動詞を適切な形にして，_____ に書きなさい。
また，できた英文を日本語にしなさい。

□ ❶ The girls _____ on the stage are my classmates.
(dance)
( )

□ ❷ What is the language _____ in your country?
(speak)
( )

□ ❸ The lunch _____ by my mother was delicious.
(make)
( )

□ ❹ The man _____ a chair is my father. （ make ）
( )

□ ❺ We enjoyed the party _____ last Sunday. （ hold ）
( )

❻ ✕ ミスに注意
前にある名詞と（ ）内の動詞の関係をしっかり確認しよう。
名詞が「…している」
→動詞の-ing形
名詞が「…される」
→過去分詞

❼ 次の文を（ ）内の指示にしたがって書きかえるとき，
_____ に適切な語を書きなさい。

□ ❶ She was excited. （「よい点数をとって」という意味を加えて）
She was excited _____ a good score.

□ ❷ I don't know the man.
（下線部を「ドアのところに立っている男性」という意味の語句に）
I don't know the _____ at the door.

□ ❸ That mountain is beautiful.
（下線部を「ここから見えるあの山」という意味の語句に）
That _____ from here is beautiful.

□ ❹ This is the song.
（下線部を「多くの子どもたちに歌われている歌」という意味の語句に）
This is the _____
many children.

点UP

8 次の英文を日本語にしなさい。

□ **①** The weather will get worse soon.

(　　　　　　　　　　　　　　　　　　　　　　)

□ **②** I want this watch designed for women.

(　　　　　　　　　　　　　　　　　　　　　　)

□ **③** The girl wearing glasses is Yuka.

(　　　　　　　　　　　　　　　　　　　　　　)

□ **④** He was shocked to lose the game.

(　　　　　　　　　　　　　　　　　　　　　　)

9 次の日本語に合う英文になるように，
　　（　）内の語句を並べかえなさい。

□ **①** 彼女がした演説はすばらしかったです。
(made / was / her / the speech / by / great).
_____

□ **②** 佐藤先生は私たちに英語を教えている先生です。
(a teacher / Mr. Sato / us / is / teaching / to / English).
_____

□ **③** 部屋をそうじしている女性は私の姉です。
(is / the room / my sister / the woman / cleaning).
_____

□ **④** これはおじにもらったかばんです。
(the bag / my uncle / is / by / this / given).
_____

10 次の日本語を（　）内の語数で英文にしなさい。

□ **①** 私はあなたたちにまた会えてうれしいです。（7語で）
_____

□ **②** 私は彼らによって建てられたその家に住んでいます。（8語で）
_____

□ **③** その窓のそばで本を読んでいる男の子はケンです。（10語で）
_____

8
① worseはbadの比較級。
②・③ 過去分詞と動詞の-ing形の訳し方に注意。
④ to以下はshockedという感情の原因を表している。

9
①「彼女がした演説」→「彼女によってされた演説」
④「おじにもらったかばん」→「おじによって与えられたかばん」

10
①〈形容詞＋to＋動詞の原形〉の語順。
②〈過去分詞＋語句〉で前の名詞を説明する。
③〈動詞の-ing形＋語句〉で前の名詞を説明する。

Step 3 予想テスト Lesson 3 The Story of Sadako ～文法のまとめ③

30分 　目標80点 　/100点

❶ 次の日本語に合う英文になるように，＿＿に適切な語を書きなさい。知 15点(各完答5点)

❶ これはその店で売られている帽子です。

This is a ＿＿＿ ＿＿＿ at the store.

❷ 野球をしているあの男の子たちが見えますか。

Can you see those ＿＿＿ ＿＿＿ baseball?

❸ 私はその知らせを聞いてうれしいです。

I am glad ＿＿＿ ＿＿＿ the news.

❷ 次の文がほぼ同じ意味の英文になるように，＿＿に適切な語を書きなさい。知

15点(各完答5点)

❶ The woman is our music teacher. She is talking with Mako.

The ＿＿＿ ＿＿＿ with Mako ＿＿＿ our music teacher.

❷ This is a picture. My sister took it in Okinawa.

This is a picture ＿＿＿ ＿＿＿ my sister in Okinawa.

❸ Shun was surprised when he had an accident.

Shun was surprised ＿＿＿ ＿＿＿ an accident.

❸ 日本語に合う英文になるように，（　）内の語句を並べかえなさい。ただし，下線の引いてある語は適切な形にかえなさい。知 15点(各5点)

❶ 木の下で昼食をとっている女の子たちはだれですか。

(lunch / who / <u>have</u> / the tree / are / under / the girls)?

❷ オーストラリアで話されている言語は英語です。

(Australia / English / the language / in / <u>speak</u> / is).

❸ 向こうでなわとびをしている男の子は私の弟です。

(there / my brother / <u>jump</u> rope / the boy / is / over).

❹ 次の会話を読んで，あとの問いに答えなさい。知 35点

Kate: I saw damaged things on display. ①They shocked me.

Mr. Oka: I understand your feelings. It's important for us to see the reality of war.

Kate: ②I agree. It must never happen again. What can we do?

Mr. Oka: Well, it's a question ③(raise) by many visitors here. Let's think about it together.

❶ 下線部①を次のように書きかえるとき，（　）に適切な語を答えなさい。 （完答10点）

I was shocked （　　）（　　）damaged things on display.

❷ 下線部②について，ケイトは丘先生のどのような意見に同意しましたか。日本語で答えなさい。 （10点）

❸ 下線部③の（　）内の語を適切な形にしなさい。 （8点）

❹ 次の中から本文の内容に合うものを1つ選び，記号で答えなさい。 （7点）

　　㋐ 丘先生にはケイトの気持ちがわからなかった。

　　㋑ ケイトは戦争はまた起こりうると考えている。

　　㋒ 丘先生は戦争が2度と起こらないように何ができるか考えようと提案した。

❺ 次の絵を見て，「～している男の子[女の子]は…です。」という文を英語で書きなさい。 表 20点（各10点）

❶

❷

❶	❶		❷	
	❸			
❷	❶			
	❷		❸	
❸	❶			？
	❷			．
	❸			．
❹	❶			
	❷			
	❸	❹		
❺	❶			
	❷			

Step 1 **基本チェック** ● ● ● **Lesson 4 The World's Manga and Anime ~ Reading for Information 2** 🕐 **10分**

■ 赤シートを使って答えよう！

❶ [関係代名詞：主格 (which, that)]

解答欄

☐ **❶** 私はおもしろい本を買いたいです。

I want to buy a book [which[that]] is interesting.

❶

☐ **❷** ミカによって焼かれたケーキはおいしかったです。

The cake [which[that]] was baked by Mika was good.

❷

☐ **❸** ブラウン先生は青い目のネコを飼っています。

Mr. Brown has a cat [which[that]] [has] blue eyes.

❸

POINT

❶ [関係代名詞：主格 (which, that)]

「～する…(もの)」→〈名詞(もの) + which[that] + 動詞～〉

・I have a book that has beautiful pictures. [私は美しい写真が載っている本を持っています。]
　　　　　名詞(もの)　　　　　〈関係代名詞(主格) + 動詞 ...〉

・I have a book which has beautiful pictures. [私は美しい写真が載っている本を持っています。]
　　　　　名詞(もの)　　　　　〈関係代名詞(主格) + 動詞 ...〉

I have a book. It has beautiful pictures.
　　　　　　　　　このItは前の文のa bookを指す主語なので
　　　　　　　　　Itを主格の関係代名詞にする(a bookが「もの」なので，whichまたはthatを使う)

I have a book that[which] has beautiful pictures.
　　　　　　　　　a bookを後ろから説明する

関係代名詞を使うと，名詞をより
くわしく説明する文が作れるね！
〈関係代名詞 + 動詞 ...〉は名詞の
すぐあとに置くよ。

❷ [関係代名詞：主格 (who, that)]

□ **❶** 彼にはオーストラリアに住んでいる友達がいます。

He has a friend [who[that]] lives in Australia.

❶

□ **❷** テニスをしている男の子たちは私の同級生です。

The boys [who[that]] [are] playing tennis are my classmates.

❷

□ **❸** メグはハワイ出身の学生です。

Meg is a student [who[that]] [is[comes]] from Hawaii.

❸

❸ [道順をたずねる表現]

□ **❶** 駅への行き方を教えてくださいませんか。

[Could[Would]] [you] tell me [how] to get to the station?

❶

□ **❷** どのバスに乗ればいいですか。

[Which] bus should I [take]?

❷

POINT ··

❷ [関係代名詞：主格 (who, that)]

「～する…(人)」→〈名詞(人) + who[that] + 動詞～〉

· I have a friend who can speak Spanish. [私にはスペイン語が話せる友達がいます。]

  名詞(人) └───────〈関係代名詞(主格) + 助動詞 + 動詞～〉

· I have a friend that can speak Spanish. [私にはスペイン語が話せる友達がいます。]

  名詞(人) └───────〈関係代名詞(主格) + 助動詞 + 動詞～〉

> I have a friend. She can speak Spanish.
> └─ このSheは前の文のa friendを指す主語なので
>   Sheを主格の関係代名詞にする(a friendが「人」なので, whoまたはthatを使う)
>
> I have a friend who[that] can speak Spanish.
>   └─ a friendを後ろから説明する

> 関係代名詞のthatは前の名詞が「人」のときも「もの」のときも使えるよ。

❸ [道順をたずねる表現]

· Could you tell me how to get to the zoo?

  [動物園への行き方を教えてくださいませんか。]

· Which train should I take? [どちらの電車に乗ればいいですか。]

Step 2 予想問題　Lesson 4 The World's Manga and Anime ~ Reading for Information 2

40分
(1ページ10分)

❶ ❶〜❻は単語の意味を書き，❼〜⓬は日本語を英語にしなさい。 🔊ヒント

☐❶ moment （　　　　　）　　☐❷ discovery （　　　　　）

☐❸ explanation（　　　　　）　　☐❹ translate （　　　　　）

☐❺ literally （　　　　　）　　☐❻ probably （　　　　　）

☐❼ 成功 ＿＿＿＿　　☐❽ 着陸する；着陸させる ＿＿＿＿

☐❾ 方角，方向 ＿＿＿＿　　☐❿ 全部の，全体の ＿＿＿＿

☐⓫ 太った ＿＿＿＿　　☐⓬ 引く ＿＿＿＿

❶
❷discovery名，
　discover動
❸explanation名，
　explain動
❻perhapsもほぼ同
　じ意味。

perhapsよりも
probablyのほうが，
話し手の確信度は高い。

❷ 次の各語で，最も強く発音する部分の記号を〇で囲みなさい。

☐❶ ad-vice　　　　☐❷ tal-ent-ed　　　　☐❸ fre-quent-ly
　　 ア　イ　　　　　　　 ア　イ　ウ　　　　　　　　ア　イ　ウ

❸ 次の日本語に合う英文になるように，（　）内に入れるのに最も
　 適切な語句を選んで，記号を〇で囲みなさい。

☐❶ たくさんの人々がその会館にいました。
　　（　　）people were in the hall.
　　㋐ A lots of　　㋑ Lot of　　㋒ Lots of

☐❷ 私は母によって作られたかばんを持っています。
　　I have a bag（　　）was made by my mother.
　　㋐ who　　㋑ which　　㋒ it

☐❸ あなたは黒いTシャツを着ている男の子が見えますか。
　　Can you see the boy（　　）wears a black T-shirt?
　　㋐ who　　㋑ which　　㋒ he

☐❹ 彼らはとても有名な野球選手です。
　　They are the baseball players（　　）very famous.
　　㋐ who is　　㋑ which are　　㋒ that are

❸
❶lotは「たくさん」と
　いう意味の名詞。
❷bagは「もの」。
❸boyは「人」。
❹playersは「人」で複
　数。

❹ 次の日本語に合う英文になるように，
　　　　に適切な語を書きなさい。

❹ ✖ ミスに注意
関係代名詞のあとの動詞の形は，名詞の人称に合わせる。
❶「…の世話をする」は
　（　　）（　　）of …。
❷「書かれている」なので，受け身形。

□❶ 彼女は毎日イヌの世話をしています。
　　She ＿＿＿＿＿＿＿ ＿＿＿＿＿＿＿ of her dog every day.

□❷ あなたはフランス語で書かれている本を持っていますか。
　　Do you have any books ＿＿＿＿＿＿＿
　　＿＿＿＿＿＿＿ in French?

□❸ アキと話している男の子は私の兄です。
　　The boy ＿＿＿＿＿＿＿ ＿＿＿＿＿＿＿ talking with Aki is
　　my brother.

□❹ ベッドの下で眠っているネコはあなたのネコですか。
　　Is the cat ＿＿＿＿＿＿＿ ＿＿＿＿＿＿＿ sleeping under the
　　bed yours?

□❺ 教室をそうじしている生徒たちを見てください。
　　Look at the students ＿＿＿＿＿＿＿ ＿＿＿＿＿＿＿ cleaning
　　the classroom.

□❻ 彼によって撮られた写真が壁にかかっています。
　　The pictures ＿＿＿＿＿＿＿ ＿＿＿＿＿＿＿ taken by him
　　＿＿＿＿＿＿＿ on the wall.

□❼ 私はたとえ疲れていても，宿題をしなければなりません。
　　I must do my homework ＿＿＿＿＿＿＿ ＿＿＿＿＿＿＿ I'm
　　tired.

❺ 次の　　　に適切な関係代名詞を書きなさい。ただし，thatは
　使わないこと。また，できた英文を日本文にするとき，（　）内
　に適切な日本語を書きなさい。

❺
関係代名詞の前の名詞が「人」なのか「もの」なのかに注目しよう。

□❶ Do you know the girl ＿＿＿＿＿＿＿ is reading a book?
　　あなたは（　　　　　　　　　　　　　　　　）を知っていますか。

□❷ The pictures ＿＿＿＿＿＿＿ were painted by my sister are
　　beautiful.
　　（　　　　　　　　　　　　　　　　　　　　）は美しいです。

□❸ The man ＿＿＿＿＿＿＿ came to my house yesterday was
　　my father's friend.
　　きのう（　　　　　　　　　　　　　　　　　　　　　　　）。

❻ 次の２文を関係代名詞を使って１文にするとき，
＿＿＿に適切な語を書きなさい。

☐ ❶ This is a train. It goes to Kobe.

This is a train ＿＿＿＿＿＿＿＿＿＿＿＿ to Kobe.

☐ ❷ Look at the boy. He is playing soccer.

Look at the ＿＿＿＿＿＿ ＿＿＿＿＿＿ is playing soccer.

☐ ❸ The man is my uncle. He has a big bag.

The man ＿＿＿＿＿＿＿＿＿＿＿＿ a big bag

＿＿＿＿＿＿＿ my uncle.

☐ ❹ I like the songs. The singer sang them.

I like the songs ＿＿＿＿＿＿ ＿＿＿＿＿＿ sung by the
singer.

❼ 次の文がほぼ同じ意味の英文になるように，
＿＿＿に適切な語を書きなさい。

☐ ❶ I have a friend studying in Australia.

I have a friend ＿＿＿＿＿＿＿＿＿＿＿＿ in Australia.

☐ ❷ I have a watch given by my grandmother.

I have a watch ＿＿＿＿＿＿＿＿＿＿＿＿ given by my
grandmother.

☐ ❸ My sister likes books written by Hemingway.

My sister likes books ＿＿＿＿＿＿ ＿＿＿＿＿＿ written
by Hemingway.

☐ ❹ Do you know the girls dancing over there?

Do you know the girls ＿＿＿＿＿＿ ＿＿＿＿＿＿
dancing over there?

❼
❶「オーストラリアで
勉強している友達」
を〈名詞＋関係代名
詞＋動詞 ...〉で表す。
❷「祖母によって与え
られた腕時計」を〈名
詞＋関係代名詞＋動
詞 ...〉で表す。
❸❹ books や girls は
複数。

❽ 次の英文を日本語にしなさい。

☐ ❶ Could you tell me how to get to the museum?

（　　　　　　　　　　　　　　　　　　　　　）

☐ ❷ The girl pulled away from the window.

（　　　　　　　　　　　　　　　　　　　　　）

☐ ❸ This is the restaurant which is visited by many people.

(   )

☐ ❹ The students that are running over there look tired.

(   )

❶ヒント

❹ この文の主語はThe students ... over there。
〈look＋形容詞〉「…に見える」

❾ 次の日本語に合う英文になるように，
（ ）内の語句を並べかえなさい。

☐ ❶ 私は広い台所のある家に住みたいです。

(live / which / I / to / in / has / want / a house) a large kitchen.

_____ a large kitchen.

☐ ❷ 私には札幌に住んでいる友達がいます。

I (a friend / have / lives / Sapporo / who / in).

I _____.

☐ ❸ この国で話されている言語はスペイン語です。

(spoken / the language / Spanish / in / is / is / which / this country).

_____.

☐ ❹ 私に会いに来た女の子はエミです。

(to / the girl / is / came / me / see / that) Emi.

_____ Emi.

☐ ❺ これはあなたのお父さんが撮った写真ですか。

(is / your father / was / the picture / by / that / this / taken)?

_____ ?

❿ 次の日本語を関係代名詞を使って英文にしなさい。

☐ ❶ 私は木の下に座っている男の子と話したいです。

_____

☐ ❷ 彼女には上手にギターを弾ける弟がいます。

_____

☐ ❸ その店で売られているサンドウィッチは人気があります。

_____

☐ ❹ あれは20年前に建てられた学校です。

_____

❾
❹ The girl is Emi.と She came to see me.を関係代名詞を使って1文にした文。
❺「お父さんが撮った写真」→「お父さんによって撮られた写真」

❿
❸ まず「（その）サンドウィッチは人気があります。」という文を作り，「その店で売られている」を関係代名詞を使って表す。

Lesson 4 ~ Reading for Information 2

Step 3 **予想テスト** **Lesson 4 The World's Manga and Anime ~ Reading for Information 2** 30分 ／100点 目標80点

❶ 次の日本語に合う英文になるように，＿＿に適切な語を書きなさい。知 15点（各完答5点）

❶ 彼が私たちに数学を教えている先生です。

He is the teacher ＿＿＿ ＿＿＿ math to us.

❷ あれが駅にちょうど今到着した電車です。

That is the train ＿＿＿ ＿＿＿ just arrived at the station.

❸ 父が作った本だなはすてきです。

The bookshelf ＿＿＿ ＿＿＿ made by my father ＿＿＿ nice.

❷ 次の文がほぼ同じ意味の英文になるように，＿＿に適切な語を書きなさい。知

15点（各完答5点）

❶ The girl helping Ms. Brown is Yuki.

The girl ＿＿＿ ＿＿＿ helping Ms. Brown is Yuki.

❷ These are the letters. Keita wrote them.

These are the letters ＿＿＿ ＿＿＿ ＿＿＿ by Keita.

❸ My aunt lives in a house with a beautiful garden.

My aunt lives in a house ＿＿＿ ＿＿＿ a beautiful garden.

❸ 日本語に合う英文になるように，（ ）内の語句を並べかえなさい。知 15点（各5点）

❶ これは日本の伝統的な文化を説明している本です。

This (a book / traditional / explains / is / that / Japanese) culture.

❷ 私は歴史に興味がある生徒を知っています。

I (history / are / know / who / in / the students / interested).

❸ 窓のそばでコンピューターを使っている男の子はあなたの弟ですか。

(your brother / is / is / that / by / a computer / the boy / the window / using)?

❹ 次のジン（Jing）のスピーチを読んで，あとの問いに答えなさい。知 35点

　　This summer I went to ①the Japan Expo in France. It is a big annual event that introduces Japanese popular culture to the world. There were many performances by Japanese musicians. I heard talks by manga artists and anime directors. Lots of people wore costumes of their favorite characters. ②I did, too.

❶ 下線部①はどんなイベントですか。日本語で具体的に答えなさい。 (10点)

❷ 下線部②の内容を表した次の文の（　）に適当な日本語を答えなさい。 （各10点）

私も（　　）を（　　）。

❸ 次の中から本文の内容に合うものを１つ選び，記号で答えなさい。 （5点）

㋐ ジャパン・エキスポは年１回行われる。

㋑ ジャパン・エキスポでは海外の音楽家による演奏を楽しめた。

㋒ ジンは漫画家や声優の話を聞いた。

❺ 次のメモを参考にして，「私には…な友達がいます。」と友達を紹介する英文を２つ書きなさい。ただし，**関係代名詞を使うこと**。表 20点（各10点）

名前：翔太
❶ 野球がうまい
❷ 本を読むのが好き

❶	❶		❷	
	❸			
❷	❶		❷	
	❸			
❸	❶ This			culture.
	❷ I			.
	❸			?
❹	❶			
	❷			
	❸			
❺	❶			
	❷			

Lesson 4 ～ Reading for Information 2

Step 1 基本チェック　Lesson 5 I Have a Dream ～ Project 2

10分

■ 赤シートを使って答えよう！

❶ [関係代名詞：目的格 (which, that)]

解答欄

☐ ❶ これは私がきのう受け取った手紙です。

This is the letter [which[that]] I received yesterday.

❶

☐ ❷ 私がいちばん好きな季節は春です。

The season [which[that]] I like the best is spring.

❷

☐ ❸ 私がきのう会った人はとても親切でした。

The man [that] I met yesterday was very kind.

❸

POINT

❶ [関係代名詞：目的格 (which, that)]

「…が～する―(もの)」→〈名詞(もの) + which[that] + 主語 + 動詞～〉

・This is the book that I read last night. ［これは，私が昨夜読んだ本です。］
　　　名詞(もの)　　　　　　　　　　　　　〈関係代名詞(目的格)+主語+動詞 ...〉

・This is the book which I read last night. ［これは，私が昨夜読んだ本です。］
　　　名詞(もの)　　　　　　　　　　　　　〈関係代名詞(目的格)+主語+動詞 ...〉

※「…が～する―(人)」→〈名詞(人) + that + 主語 + 動詞～〉

※目的格の関係代名詞は省略することができる。

This is the book. I read it last night.
　　　　　　　　　このitは前の文のthe bookを指す目的語なのでitを目的格の関係代名詞に
　　　　　　　　　する(the bookが「もの」なので，whichまたはthatを使う)

This is the book that[which] I read last night.
　　　　　　　　　　　　　　　the bookを後ろから説明する

関係代名詞が目的語の働きをするので，関係代名詞のあとの部分は目的語がない形になっているね。

❷ [後置修飾（名詞を修飾する文）]

☐ **❶** これは私がきのう買ったかばんです。

This is the bag [I] [bought] yesterday.

❶

☐ **❷** あなたが見た映画はおもしろかったですか。

Was the movie [you] [saw[watched]] interesting?

❷

☐ **❸** あちらは私がパーティーで話した女の子です。

That is the girl [I] [talked] with at the party.

❸

❸ [食事を勧める表現]

☐ **❶** 朝食には何がいいですか。

What [would] [you] [like] for breakfast?

❶

☐ **❷** コーヒーはいかがですか。

[Would] [you] [like] some coffee?

❷

POINT . . . .

❷ [後置修飾（名詞を修飾する文）]

「…が〜する―」→〈名詞（人・もの）＋主語＋動詞〜〉　※目的格の関係代名詞が省略された形

・ The country | I want to visit is France.　[私が訪れたい 国 はフランスです。]

　　名詞　　　　　〈主語＋動詞〜〉
　（もの）　　　　関係代名詞which[that]が省略された形

> 口語では，この形のように名詞に〈主語＋動詞 …〉を直接つなげることが多いよ。

❸ [食事を勧める表現]

・What would you like for dinner?　[夕食には何がいいですか。]

・Would you like pickles on the side?　[横にピクルスはいかがですか。]

　—— Yes, please. / No, thank you.　[はい，お願いします。／いいえ，けっこうです。]

Step 2 予想問題 ● Lesson 5 I Have a Dream ～ Project 2

40分
(1ページ10分)

❶ ❶～❻は単語の意味を書き，❼～⓬は日本語を英語にしなさい。 💡ヒント

☐ ❶ inspire （　　　　　） ☐ ❷ refuse （　　　　　）

☐ ❸ justice （　　　　　） ☐ ❹ achievement（　　　　）

☐ ❺ honesty （　　　　　） ☐ ❻ arrest （　　　　　）

☐ ❼ 日付，(年)月日＿＿＿＿ ☐ ❽ 息子 ＿＿＿＿＿

☐ ❾ 努力 ＿＿＿＿＿ ☐ ❿ 公の，公共の ＿＿＿＿

☐ ⓫ 死；死亡 ＿＿＿＿ ☐ ⓬ いっぱいになる ＿＿＿

❶
❹動詞に-mentがつく
と名詞。
例)enjoy動→
enjoyment名
❺最初のhは発音しな
い。
❽「太陽」sunとのつづ
りのちがいに注意。

❷ 次の各語で，最も強く発音する部分の記号を〇で囲みなさい。

☐ ❶ boy-cott ☐ ❷ teen-ag-er ☐ ❸ fas-ci-nat-ing
　　ア　イ 　　　ア　イ　ウ 　　　ア　イ　ウ　エ

❸ 次の日本語に合う英文になるように，（　）内に入れるのに最も
適切な語句を選んで，記号を〇で囲みなさい。

☐ ❶ この映画は小説をもとにしています。
This movie is based （　　） the novel.
㋐ in ㋑ with ㋒ on

☐ ❷ あなたが公園で会った男の子はタクマです。
The boy （　　） you met in the park is Takuma.
㋐ which ㋑ that ㋒ whose

☐ ❸ テニスは私が毎日するスポーツです。
Tennis is a sport （　　） I play every day.
㋐ who ㋑ which ㋒ what

点UP ☐ ❹ これは私が先週撮った写真です。
This is （　　） last week.
㋐ a picture I took ㋑ I took a picture
㋒ that I took a picture

❸
❶「…をもとにしている」
はbe based（　）…。
❷前の名詞が「人」で，
あとに〈主語＋動詞〉
が続いている。
❸前の名詞が「もの」で，
あとに〈主語＋動詞〉
が続いている。
❹名詞を後ろから修飾
する文。

❹ 次の日本語に合う英文になるように，
＿＿＿に適切な語を書きなさい。

ヒント

❹
①「自由に…すること が で き る」は be（　）
（　）…。
②「ずっとほしいと思っ ている」なので，現在 完了形を使う。
❻ **✕ ミスに注意**
「本は難しかったで す」がこの文の骨組み。 この文のように，主 語が長くて，文全体 の主語と動詞が離れ ている場合，主語の 人称や数，時制に注 意する。

☐ **①** 自由に好きなものを食べることができますよ。

You are ＿＿＿＿＿＿＿ ＿＿＿＿＿＿＿ eat anything you like.

☐ **②** あなたがずっとほしいと思っている本を見つけることができますか。

Can you find the ＿＿＿＿＿＿＿ ＿＿＿＿＿＿＿
＿＿＿＿＿＿＿ wanted?

☐ **③** あれは彼女が好きな野球選手です。

That is a baseball player ＿＿＿＿＿＿ she ＿＿＿＿＿＿．

☐ **④** 私の母が作ったカレーはとてもおいしかったです。

The curry ＿＿＿＿＿＿＿＿＿＿＿＿＿＿＿＿ was
very good.

☐ **⑤** あなたは彼がかいた絵を見たことがありますか。

Have you ever seen a ＿＿＿＿＿＿＿ ＿＿＿＿＿＿＿
＿＿＿＿＿＿＿ ?

☐ **❻** 私が図書館から借りた本は難しかったです。

The books ＿＿＿＿＿＿＿ I ＿＿＿＿＿＿＿ from the library
＿＿＿＿＿＿＿ difficult.

❺ 次の英文を日本文にするとき，（　）内に適切な日本語を書きな さい。また，次の英文のうち，関係代名詞を省略できるものを すべて選び，記号を〇で囲みなさい。

❺
省略できるのは，目的 格の関係代名詞。主格 の関係代名詞は省略で きないので，注意しよう。

㋐ The boy that is talking with Daiki is my brother.
（　　　　　　　　　　　　　　　　　　）は私の兄です。

㋑ Ms. Suzuki is a teacher that everyone likes.
鈴木先生は（　　　　　　　　　　　　　　　）です。

㋒ I have a friend who comes from Osaka.
私には（　　　　　　　　　　　　　　　）がいます。

㋓ Is this the computer which your father gave to you?
これは（　　　　　　　　　　　　　　　）ですか。

㋔ That is the chair that I repaired yesterday.
あれは（　　　　　　　　　　　　　　　）です。

㋕ Which is the bus which goes to the station?
どれが（　　　　　　　　　　　　　　　）ですか。

Lesson 5 ～ Project 2

❻ 次の文がほぼ同じ意味の英文になるように，
＿＿＿ に適切な語を書きなさい。

☐ **❶** This is the watch bought by my mother.
This is the watch ＿＿＿＿＿＿＿＿＿＿＿＿
＿＿＿＿＿＿＿＿ .

☐ **❷** Red is his favorite color.
Red is the color ＿＿＿＿＿＿＿＿＿＿＿＿＿＿＿
very much.

☐ **❸** That is a doctor who is respected by many people.
That is a doctor ＿＿＿＿＿＿＿ many people ＿＿＿＿ .

☐ **❹** The story which was written by him was exciting.
The story ＿＿＿＿＿＿＿＿＿＿＿＿＿＿＿＿＿
exciting.

❼ 次の2文を関係代名詞を使って1文にするとき，
＿＿＿ に適切な語句を書きなさい。

☐ **❶** Is this the umbrella? Rina was looking for it.
Is this the umbrella ＿＿＿＿＿＿＿＿＿＿＿＿＿ ?

☐ **❷** The man is Mr. Brown. I called him last night.
The man ＿＿＿＿＿＿＿＿＿＿＿＿＿＿ is Mr. Brown.

☐ **❸** That is the boy. I asked him the way to the library.
That is ＿＿＿＿＿＿＿＿＿＿＿＿＿＿＿＿＿＿＿ .

☐ **❹** The flowers were beautiful. I saw them in the park.
＿＿＿＿＿＿＿＿＿＿＿＿＿＿＿＿＿＿＿＿＿＿ .

❽ 次の英文を日本語にしなさい。

☐ **❶** You will be able to speak English better soon.
(　　　　　　　　　　　　　　　　　　　　)

☐ **❷** This zoo is the place that I like the best in my city.
(　　　　　　　　　　　　　　　　　　　　)

☐ **❸** The girl you met in the museum is my sister.
(　　　　　　　　　　　　　　　　　　　　)

☐ **❹** This is the bicycle I have used for three years.
(　　　　　　　　　　　　　　　　　　　　)

ヒント

❻
❶上の文は，〈過去分詞
＋語句〉で名詞を修飾
している。
❷「彼のお気に入りの
色」→「彼がとても好
きな色」
❸「多くの人々によって
尊敬されている医者」
→「多くの人々が尊敬
している医者」
❹「彼によって書かれた
物語」→「彼が書いた
物語」

❼ **✗ ミスに注意**
2文目の目的語（代名
詞）を関係代名詞に置
きかえ，修飾する名詞
の直後に置く。関係代
名詞のあとの部分は目
的語がない形になる。

❽
❶be able to ...は「…
することができる」と
いう意味。
❸The girl ... museum
がこの文の主語。

9 次の日本語に合う英文になるように，
（　）内の語句を並べかえなさい。

□ **①** お互いに手を取り合いましょう。
(with / let's / other / join / each / hands).

.

□ **②** オーストラリアでしたいことがたくさんあります。
(that / Australia / there / want / things / are / in / I / many / do / to).

.

□ **③** 彼は私が日本語で書いた手紙を読めませんでした。
(wrote / couldn't / he / in / the letter / Japanese / I / read).

.

□ **④** 兄が毎日使っているコンピューターは私のよりも良いです。
(than / uses / which / is / the computer / mine / my brother / better / every day).

.

□ **⑤** あなたが昨夜電話をかけた女の子はだれですか。
(you / is / that / who / last night / the girl / called)?

?

10 次の日本語を（　）内の語数で英文にしなさい。

□ **①** これはあなたがきのうなくした腕時計ですか。（8語で）

□ **②** あちらは，あなたがずっと会いたいと思っている男の子です。
（10語で）

□ **③** 私が電車の中で見かけた男性は眠そうでした。（10語で）

□ **④** ハワイは私が何度も訪れたことがある場所です。（9語で）

右側ヒント欄：

ヒント

9
②「…がある。」〈There is[are] ....〉
④ この文の骨組みは「（その）コンピューターは私のよりも良いです。」で，「兄が毎日使っている」が名詞を後ろから修飾する形にする。

（縦書きタブ）Lesson 5 ~ Project 2

10
②「ずっと会いたいと思っている」は現在完了形で表す。
③ まず「（その）男性は眠そうでした。」という文を作り，「私が電車の中で見かけた男性」を関係代名詞を使って表す。
④「何度も訪れたことがある」は現在完了形で表す。

Step 3 予想テスト Lesson 5 I Have a Dream ~ Project 2

30分　目標80点　／100点

❶ 次の日本語に合う英文になるように，＿＿に適切な語を書きなさい。知　15点（各完答5点）

❶ その美術館は私がたびたび訪れる場所です。

The museum is the place ＿＿＿ ＿＿＿ ＿＿＿ visit.

❷ これは私が世話をしている赤ちゃんです。

This is the baby ＿＿＿ ＿＿＿ ＿＿＿ ＿＿＿ of.

❸ これらはあなたが沖縄で撮った写真ですか。

Are these the pictures ＿＿＿ ＿＿＿ in Okinawa?

❷ 次の文がほぼ同じ意味の英文になるように，＿＿に適切な語を書きなさい。知
15点（各完答5点）

❶ This is the birthday present. My friend gave it to me.

This is the birthday present ＿＿＿ my friend gave to me.

❷ English is my favorite subject.

English is the subject ＿＿＿ ＿＿＿ the best.

❸ These are the letters written by Ken.

These are the letters ＿＿＿ ＿＿＿ ＿＿＿.

❸ 次の日本語に合う英文になるように，（　）内の語句を並べかえなさい。知　15点（各5点）

❶ 彼が私たちに見せてくれたネコはとてもかわいかったです。

(to / the cat / was / showed / cute / he / us / very).

❷ これは私が今まで見た中でいちばんおもしろい映画です。

(most / is / the / ever / this / that / seen / movie / interesting / I / have).

❸ あなたがきのう話していた男の子はどこにいますか。

(you / is / that / yesterday / the boy / about / where / talked)?

❹ 次の英文を読んで，あとの問いに答えなさい。知　35点

　①This is a story most Americans know. One day Rosa Parks, a black woman, was on a public bus. She was sitting near the 'Whites only' section. Soon that section filled up. The driver said, "②Give up your seat, (　　) I'll call the police." She refused. The police came and arrested her.

❶ 下線部①に関係代名詞thatを入れるとき，どこに入れるのか適切ですか。記号で答えなさい。
　(8点)

This is　a story　most Americans　know.
　　　　ア　　イ　　　　ウ

❷ 下線部②の（　）に適切な語を次の中から１つ選び，記号で答えなさい。 (7点)

　⑦ and　　④ but　　⑦ or　　④ so

❸ 本文について次の質問に英語で答えなさい。 (10点)

　Where was Rosa Parks sitting on a bus?

❹ ローザ・パークスはなぜ逮捕されたのですか。日本語で答えなさい。 (10点)

❺ 次のメモを参考にして，友達の由佳（Yuka）が❶いちばん好きな食べ物，❷訪れたい国を紹介する英文をそれぞれ書きなさい。ただし，それぞれ次の書き出しで始めること。

(表) 20点 (各10点)

> 由佳のいちばん好きな食べ物：チョコレート
> 由佳が訪れたい国：オーストラリア

❶ The food ＿＿＿＿＿＿＿＿＿.

❷ The country ＿＿＿＿＿＿＿＿＿.

❶	❶			
	❷			
	❸			
❷	❶		❷	
	❸			
❸	❶			.
	❷			.
	❸			?
❹	❶	❷		
	❸			
	❹			
❺	❶	The food		.
	❷	The country		.

Lesson 5 ~ Project 2

Step 1 基本チェック ┊ **Lesson 6 Imagine to Act ～文法のまとめ⑤** 10分

■ 赤シートを使って答えよう！

❶ [もし…であれば，～だろうに。(仮定法)]

解答欄

☐ **❶** もし私に時間があれば，友達と遊べるだろうに。

[If] I [had] time, I [could] play with my friends.

❶

☐ **❷** もし私が彼の電話番号を知っていれば，彼に電話するだろうに。

[If] I [knew] his phone number, I [would] call him.

❷

☐ **❸** もし私がコンピューターを持っていれば，彼女にEメールを送るだろうに。

[If] I [had] a computer, I [would] send her an e-mail.

❸

❷ […であればいいのになあ。(仮定法)]

☐ **❶** コンピューターを持っていればいいのになあ。

I [wish] I [had] a computer.

❶

☐ **❷** 英語が上手に話せればいいのになあ。

I [wish] I [could] speak English well.

❷

POINT ....

❶ [もし…であれば，～だろうに。(仮定法)]

仮定法とは，現在の事実と異なるときや実現する可能性がほとんどないときに使う。

「もし…であれば，～だろうに。」

→〈If＋主語＋動詞の過去形 …, 主語＋助動詞の過去形＋動詞の原形～.〉

・If I had wings, I could fly. [もし私に翼があれば，私は飛べるだろうに。]
　　　過去形　　　助動詞の過去形

※可能性があることについて「もし…なら」と言うときは，動詞は現在形にする。

If it rains tomorrow, I will read books at home. [もし明日雨なら，私は家で本を読みます。]
　　現在形　　　　　助動詞の現在形

❷ […であればいいのになあ。(仮定法)]

「…であればいいのになあ。」→〈I wish＋I＋(助)動詞の過去形 ….〉

・I wish I had wings. [翼があればいいのになあ。]
　　　　　過去形

・I wish I could fly. [飛べればいいのになあ。]
　　　　　助動詞の過去形

❸ [もし私があなたなら，…だろう。(仮定法)]

□❶ もし私があなたなら，ブラウン先生にたずねるだろう。

If I [were] you, I [would] ask Mr. Brown.

❶

□❷ もし私があなたなら，留学するだろう。

[If] I [were] you, I [would] study abroad.

❷

❹ [議論を進める／参加することば]

□❶ パーティーで何をしましょうか。

What [shall] [we] do for a party?

❶

□❷ 大きなケーキを準備するのはどうですか。

[How] [about] preparing a big cake?

❷

□❸ 私は賛成ですが，私たちには十分なお金がありません。

I [agree], [but] we don't have enough money.

❸

POINT

❸ [もし私があなたなら，…だろう。(仮定法)]

「もし私があなたなら，…だろう。」→〈If I were you, I＋助動詞の過去形＋動詞の原形 ....〉

・If I were you, I <u>would</u> cook her dinner. ［もし私があなたなら，彼女に夕飯をつくるだろう。］
           助動詞の過去形

※主語が何であってもwereが使われることが多い。

ただし，会話ではwasを使うこともある。

> ここでの仮定法の文は，動詞や助動詞は過去形！と覚えておこう。

❹ [議論を進める／参加することば]

英語で話し合いをするときに使える表現。

「…のために何をしましょうか。」→What shall we do for ...?

・What shall we do for Ms. Brown? ［ブラウン先生のために何をしましょうか。］

「…するのはどうですか。」→How about ...?

・How about <u>singing</u> a song? ［歌を歌うのはどうですか。］
         動詞が続く場合は-ing形

「私は賛成ですが，…。」→I agree, but ....

・I agree, but do we have time to prepare?

［私は賛成ですが，私たちには準備をする時間がありますか。］

Step 2 予想問題 ⁝ **Lesson 6 Imagine to Act**
〜文法のまとめ⑤

40分
(1ページ10点)

❶ ❶〜❻は単語の意味を書き，❼〜⓬は日本語を英語にしなさい。 **ヒント**

□❶ truth （　　　　　） □❷ inventor （　　　　　）

□❸ complain （　　　　　） □❹ gradually （　　　　　）

□❺ experiment （　　　　　） □❻ ridiculous （　　　　　）

□❼ 時代 ＿＿＿＿ □❽ 個人的な ＿＿＿＿

□❾ 私自身を〔に〕 ＿＿＿＿ □❿ 想像する ＿＿＿＿

□⓫ …に着く，達する ＿＿＿＿ □⓬ だれも…ない ＿＿＿＿
　　（rではじまる）

❶
❷-orで終わる語は「…
する人」という意味。
❿「想像，想像力」とい
う名詞は
imagination。
⓫get to ..., arrive at
...も「…に着く」とい
う意味。

❷ 次の各語で，最も強く発音する部分の記号を〇で囲みなさい。

□❶ pol-lu-tion □❷ hes-i-tate □❸ com-mu-ni-cate
　　 ア　イ　ウ 　　 ア　イ　ウ 　　 ア　イ　ウ　エ

❸ 次の日本語に合う英文になるように，（　）内に入れるのに最も
適切な語を選んで，記号を〇で囲みなさい。

□❶ もし私にたくさん時間があれば，これらの本を読むだろうに。
　　If I ①(　　) much time, I ②(　　) read these books.
　　① ⑦ have 　⑦ has 　⑦ had 　⑦ having
　　② ⑦ can 　⑦ must 　⑦ will 　⑦ would

□❷ 私に兄がいればなあ。
　　I wish I (　　) a brother.
　　⑦ have 　⑦ has 　⑦ had 　⑦ having

□❸ 車を運転できたらなあ。
　　I ①(　　) I ②(　　) drive a car.
　　① ⑦ want 　⑦ wish 　⑦ like 　⑦ need
　　② ⑦ can 　⑦ could 　⑦ will 　⑦ would

□❹ もし私があなたなら，すぐ彼女に電話をかけるだろう。
　　If I (　　) you, I would call her soon.
　　⑦ are 　⑦ am 　⑦ did 　⑦ were

❸
❶❷❸仮定法の文での
動詞や助動詞の形を
思い出す。
❹仮定法の文のとき，
be動詞は主語に関
係なく何が使われる
かを考える。

4 次の日本語に合う英文になるように，
　　　　　に適切な語を書きなさい。

☐**❶** 友達をからかってはいけません。

Don't ＿＿＿＿＿＿＿ ＿＿＿＿＿＿＿ of your friends.

☐**❷** 彼らのコンサートに行ければいいのになあ。

I ＿＿＿＿＿＿ I ＿＿＿＿＿＿＿ ＿＿＿＿＿＿ to their concert.

☐**❸** もし私があなたなら，そんなことはしないだろう。

＿＿＿＿＿＿＿ I ＿＿＿＿＿＿＿ you, I ＿＿＿＿＿＿ do such a thing.

☐**❹** 私は私の家族の一員であることを誇りに思っています。

I'm ＿＿＿＿＿＿＿ ＿＿＿＿＿＿＿ I'm a member of my family.

☐**❺** あなたが私の家の近くに住んでいればなあ。

I ＿＿＿＿＿＿＿ you ＿＿＿＿＿＿＿ near my house.

5 次の日本語に合う英文になるように，
　　　　　に適切な語を書きなさい。

☐**❶**「もしたくさんお金があったら，洋服をたくさん買うだろうに」と言いたいとき。

If I had much money, I ＿＿＿＿＿＿＿ ＿＿＿＿＿＿＿ a lot of clothes.

☐**❷**「もしたくさんお金があったら，大きな家に住むことができるだろうに」と言いたいとき。

If I had much money, I ＿＿＿＿＿＿＿ ＿＿＿＿＿＿＿ in a large house.

☐**❸**「もしたくさんお金があったら，オーストラリアに行くだろうに」と言いたいとき。

If I had much money, I ＿＿＿＿＿＿＿ ＿＿＿＿＿＿＿ to Australia.

🔍ヒント

4
❶「からかう」という意味を2語で表す。
❷❸❺ ❌ミスに注意
助動詞は意味によって使い分ける。
「…だろうに」
→would
「…できるだろうに」
→could
❸「…しないだろうに」なので，wouldの否定文。ここではwould notの短縮形wouldn'tを使う。
❹「…ということを誇りに思っている」という表現。

5
❶❸「…するだろうに」なので，〈would＋動詞の原形〉の形にする。

6 次の英文を( )内の指示にしたがって書きかえるとき，
　　　　　に適切な語を書きなさい。

☐ **①** She studies hard.　(「医者になるために」という意味を加えて)
　　She studies hard ＿＿＿＿＿＿＿＿＿＿＿＿ to be a
　　doctor.

☐ **②** I called my father.　(「そのニュースを聞いてすぐに」という意味を加えて)
　　＿＿＿＿＿＿＿ ＿＿＿＿＿＿＿ as I heard the news, I called
　　my father.

☐ **③** My sister watches TV.　(timeを使い「いつも」という意味を加えて)
　　My sister watches TV ＿＿＿＿＿＿＿ ＿＿＿＿＿＿＿ time.

☐ **④** I don't have a dog.　(「イヌを飼っていればなあ」という文に)
　　I ＿＿＿＿＿＿＿ I ＿＿＿＿＿＿＿ a dog.

7 次の各組の文がほぼ同じ意味の英文になるように，
　　　　　に適する語を書きなさい。

☐ **①** I don't have enough time, so I can't play video games.
　　＿＿＿＿＿＿＿ I ＿＿＿＿＿＿＿ enough time, I
　　＿＿＿＿＿＿＿ play video games.

☐ **②** I don't know her phone number, so I can't call her.
　　＿＿＿＿＿＿＿ I ＿＿＿＿＿＿＿ her phone number,
　　I ＿＿＿＿＿＿＿ call her.

☐ **③** You don't practice hard, so you will not win the game.
　　＿＿＿＿＿＿＿ you ＿＿＿＿＿＿＿ hard, you ＿＿＿＿＿＿＿
　　win the game.

8 次の英文を日本語にしなさい。

☐ **①** If I had my own guitar, I could practice every day.
　　(　　　　　　　　　　　　　　　　　　　　　　　)

☐ **②** I wish you were my sister.
　　(　　　　　　　　　　　　　　　　　　　　　　　)

☐ **③** I wish I could swim well.
　　(　　　　　　　　　　　　　　　　　　　　　　　)

☐ **④** If I were you, I would not trust the man.
　　(　　　　　　　　　　　　　　　　　　　　　　　)

ヒント

6
②「…するとすぐ」はas
を使った表現。

接続詞when「…する
とき」と同じ働きをす
るので，あとには〈主
語＋動詞〉の形が続く
よ。

7 ✕ **ミスに注意**
仮定法の文にするので，
動詞や助動詞の形に注
意しよう。
①「十分な時間があれ
ば，テレビゲームが
できるだろうに。」と
いう文に。

8 ✕ **ミスに注意**
助動詞の訳し方に注意。
・would→「…だろう
　に」
・could→「…できる
　だろうに」

❾ 次の日本語に合う英文になるように，
（ ）内の語句や符号を並べかえなさい。

❾

☐ ❶ もっと長くここにいられたらいいのになあ。
(here / could / I / longer / wish / I / stay).

_____ .

☐ ❷ 私があなたなら，新しい仕事をさがすだろう。
(would / I / a new job / you / were / for / I / look / if / ,).

_____ .

☐ ❸ あなたが毎日早く起きれば，毎朝朝食をとることができるだろうに。
(could / early / you / up / if / breakfast / you / got / have / every day / ,) every morning.

_____ every morning.

☐ ❹ もし100万ドルもらったら，何をしますか。
(a million dollars / you / you / would / if / do / what / got)?

_____ ?

❿ 次の日本語を英文にしなさい。
ただし，（ ）内の指示にしたがうこと。

☐ ❶ 私は確かに彼を駅で見かけました。（sureを使って）

_____

☐ ❷ 私たちの新しいクラスメイトのために何をしましょうか。
(shallを使って)

_____

☐ ❸ 私があなたなら，彼女に話しかけるだろう。(Ifで始めて)

_____

☐ ❹ 自分の部屋にコンピューターがあればいいのになあ。(hadを使って)

_____

☐ ❺ 私に十分な時間があったら，私の母を手伝うことができるだろうに。
(仮定法の文に)

_____

ヒント

❾
❷「…をさがす」はlook for …と表す。
❸「起きる」はget up と表す。

❿
❶「確かに」はsureを使って2語で表す。
❷提案の文を考える。
❹願望を表す文なので，I wishで始める。
❺「十分な」はenough。

Lesson 6 〜 文法のまとめ⑤

Step 3 予想テスト **Lesson 6 Imagine to Act ～文法のまとめ⑤** 30分 /100点 目標80点

❶ 次の日本語に合う英文になるように，＿＿に適切な語を書きなさい。[知] 15点（各完答5点）

❶ もし時間があったら，映画を見に行くだろうに。

＿＿＿＿ I ＿＿＿＿ time, I ＿＿＿＿ go to see a movie.

❷ もっと速く走ることができればいいのになあ。

I ＿＿＿＿ I ＿＿＿＿ ＿＿＿＿ faster.

❸ 私があなたなら，彼女にそんなことは言わないだろう。

＿＿＿＿ I ＿＿＿＿ you, I ＿＿＿＿ ＿＿＿＿ say such a thing to her.

❷ 次の日本語に合う英文になるように，（　）内の語句や符号を並べかえなさい。[知]

15点（各5点）

❶ 私にあなたのようなお兄さんがいればいいのになあ。

(you / like / I / had / a / wish / brother / I).

❷ 私があなたなら，パーティーで歌を歌うだろう。

(the party / sing / I / you / if / at / would / were / a song / I / ,).

❸ 私は賛成ですが，そのイベントはすぐにやってきます。

I (is / agree/ coming / the event / but / ,) soon.

❸ 次の文がほぼ同じ意味の英文になるように，＿＿に適切な語を書きなさい。[知]

15点（各完答5点）

❶ I don't know his birthday, so I can't give him a present.

＿＿＿＿ I ＿＿＿＿ his birthday, I ＿＿＿＿ give him a present.

❷ I have no time, so I can't clean my room.

＿＿＿＿ I ＿＿＿＿ time, I ＿＿＿＿ clean my room.

❸ I am sorry that you can't come to the party.

I ＿＿＿＿ you ＿＿＿＿ come to the party.

❹ 次の会話を読んで，あとの問いに答えなさい。[知] 35点

Kate: What are you reading?

Riku: A novel about ①a scientist who invents a time machine and travels to the future.

Kate: Cool. What would you do if you had ②one?

Riku: ③If I (　　) a time machine, I (　　) (　　) to the past. I want to see the dinosaurs.

❶ 下線部①の科学者は何をしているのか，日本語で書きなさい。 （10点）

❷ 下線部②が指すものを３語の英語で抜き出しなさい。 （7点）

❸ 下線部③が「タイムマシーンがあったら，私は過去に行くだろうに。」という意味になるように，（　）に適切な語を書きなさい。 （完答8点）

❹ 陸は過去に行って何をしたいと思っていますか。日本語で書きなさい。 （10点）

❺ 次の吹き出しのイラストとイラストの下にある英語を参考にして，「…できればいいのになあ」という英文を書きなさい。 表 20点（各10点）

speak English well

play baseball well

❶	❶		
	❷		
	❸		
❷	❶		.
	❷		.
	❸ I		soon.
❸	❶		
	❷		❸
❹	❶		
	❷		
	❸		
	❹		
❺	❶		
	❷		

Step 1 基本チェック ・ Lesson 7 For Our Future ～ Project 3

 10分

■ 赤シートを使って答えよう！

❶ [間接疑問]

解答欄

□ ❶ 私はなぜあなたが怒っているのかわかりません。

I don't know [why] [you] [are] angry.

❶ _____

□ ❷ あなたが何と言ったか教えてください。

Tell me [what] [you] [said].

❷ _____

❷ [help ＋ A ＋動詞の原形]

□ ❶ 私は父が車を洗うのを手伝いました。

I [helped] my father [wash] his car.

❶ _____

□ ❷ 私の母は私がかばんを作るのを手伝ってくれました。

My mother [helped] [me] [make] a bag.

❷ _____

POINT

❶ [間接疑問]

疑問詞を含む疑問文が文の中に入ると，〈疑問詞＋主語＋動詞〉の語順になる。

・I don't know why Miki is sad.　[私は，美紀がなぜ悲しいのかわかりません。]
　└ Why is Miki sad?

※Why is Miki sad?という疑問文をI don't knowに続けるので，〈疑問詞＋主語＋動詞〉の語順になる。

・Do you know where he went yesterday?　[彼が昨日どこへ行ったのか知っていますか。]
　└ Where did he go yesterday?

※間接疑問文では，疑問詞の後は肯定文の語順なので，did he go → he wentとなる。

・Please tell me who that girl is.　[あの女の子がだれなのか，私に教えてください。]
　└ Who is that girl?

❷ [help ＋ A ＋動詞の原形]

「Aが…するのを手伝う」→〈help ＋ A ＋動詞の原形〉

・Miki helped me cook lunch.　[美紀は私が昼食を作るのを手伝ってくれました。]
　　　　　　　　　　原形

※Aの部分に代名詞がくるときは，目的格（「…を[に]」の形）にする。

> Miki helped me to cook lunch.のように〈help ＋ A ＋ to ＋動詞の原形〉としてもいいよ。

❸ [want + A + to + 動詞の原形]

☐ ❶ 私は彼にもっと勉強してもらいたいです。

I [want] [him] [to] study more.

❶

☐ ❷ 私は彼らにすぐに家に帰るように言いました。

I [told] [them] [to] come home soon.

❷

☐ ❸ 彼女は私に浴室をそうじするように頼みました。

She [asked] [me] [to] clean the bathroom.

❸

POINT

❸ [want + A + to + 動詞の原形]

「Aに…してもらいたい」→〈want + A + to + 動詞の原形〉

・I want you to decorate the room. ［私はあなたに部屋の飾りつけをしてもらいたいです。］
　　　　　目的格　　原形

※Aの部分に代名詞がくるときは，目的格（「…を［に］」の形）にする。

「Aに…するように言う」→〈tell + A + to + 動詞の原形〉

・I will tell him to come here. ［私は彼にここに来るように言います。］
　　　　　　目的格　　原形

「Aに…するように頼む」→〈ask + A + to + 動詞の原形〉

・She asked Ann to open the door. ［彼女はアンにドアを開けるように頼みました。］
　　　　　　　　　原形

〈to + 動詞の原形〉の動作をするのが「A」だよ。

Lesson 7 ~ Project 3

51

Step 2 予想問題 ： Lesson 7 For Our Future 〜 Project 3

40分
(1ページ10分)

❶ **❶〜❻**は単語の意味を書き，**❼〜⓬**は日本語を英語にしなさい。 **ヒント**

☐**❶** apart （　　　　　） ☐**❷** medical （　　　　　）

☐**❸** attention （　　　　　） ☐**❹** treatment （　　　　　）

☐**❺** intelligence （　　　　　） ☐**❻** patient （　　　　　）

☐**❼** …の範囲内に〔で〕_____ ☐**❽** (店の)客 _____

☐**❾** はっきりと _____ ☐**❿** 扱う，処理する _____

☐**⓫** 答え，返答 _____
（rで始まる）

☐**⓬** 会社 _____
（cで始まる）

❶
〈客を表す語〉
招待客やホテルの宿泊
客：guest
演劇や講演などの観
客：audience
仕事や観光を目的とし
た訪問客：visitor
列車や飛行機などの乗
客：passenger

❷ 次の各語で，最も強く発音する部分の記号を〇で囲みなさい。

☐**❶** bro-chure
　　 ア　 イ

☐**❷** dec-o-rate
　　 ア　イ　ウ

☐**❸** ar-ti-fi-cial
　　 ア　イ　ウ　エ

❸ 次の日本語に合う英文になるように，（　）内に入れるのに最も
適切な語句を選んで，記号を〇で囲みなさい。

☐**❶** その生徒たちはいつも共に難しい問題に対処します。
　 The students always deal （　　） a difficult problem together.
　 ㋐ on　　㋑ with　　㋒ for

☐**❷** 私たちは困っている人々のために何ができるでしょうか。
　 What can we do for people （　　） need?
　 ㋐ in　　㋑ with　　㋒ of

☐**❸** あなたはそれがだれのペンか知っていますか。
　 Do you know （　　）?
　 ㋐ whose pen is it　　㋑ whose it is pen　　㋒ whose pen it is

☐**❹** 私がこれらの本を運ぶのを手伝ってくれませんか。
　 Will you help me （　　） these books?
　 ㋐ carry　　㋑ carried　　㋒ carrying

☐**❺** あなたは私にピアノを弾いてもらいたいですか。
　 Do you want （　　） the piano?
　 ㋐ to play me　　㋑ me play　　㋒ me to play

点UP

❸
❶「…に対処する」deal
　（　　）…
❷「困っている」（　　）
　need
❸間接疑問文は〈疑問詞
　＋主語＋動詞〉の語順。
❺me の位置に注意。

💡ヒント

❹ 次の日本語に合う英文になるように，
　　＿＿＿＿に適切な語を書きなさい。

❶「…と違っている」be
　（　）（　）…

☐❶ 私の意見はあなたのとは違っています。
　　My opinion is ＿＿＿＿＿＿＿＿＿＿＿＿＿＿＿ yours.

❷～❺ ❌ミスに注意
〈help ＋ A ＋ 動詞の
原形〉や〈want[tell,
ask] ＋ A ＋ to ＋ 動
詞の原形〉のAが代
名詞の場合，目的格
にする。

☐❷ 私はあなたに数学を教えてもらいたいです。
　　I ＿＿＿＿＿＿＿＿ you ＿＿＿＿＿＿＿＿＿＿＿＿＿＿＿ me math.

☐❸ 私の姉は私がクッキーを焼くのを手伝ってくれました。
　　My sister ＿＿＿＿＿＿＿＿＿＿＿＿＿＿＿＿＿＿＿＿＿
　　cookies.

❻「わかる」figure（　）

☐❹ 彼女は私に写真を撮るように頼みました。
　　She ＿＿＿＿＿＿＿＿＿＿＿＿＿ ＿＿＿＿＿＿＿＿ take
　　pictures.

☐❺ リョウの母は彼に早く起きるように言いました。
　　Ryo's mother ＿＿＿＿＿＿＿＿＿＿＿＿＿＿＿＿＿＿＿＿＿
　　get up early.

☐❻ 私はあなたが何を言っているのかわかりません。
　　I cannot figure ＿＿＿＿＿＿＿ what ＿＿＿＿＿＿＿＿
　　＿＿＿＿＿＿＿ saying.

❺ 次の文を，下の書き出しに続けて間接疑問文に書きかえなさい。
　　また，できた英文を日本文にするとき，（　）内に適切な日本語
　　を書きなさい。

❺ ❌ミスに注意
〈疑問詞＋主語＋動詞〉
の語順にするとき，主
語が 3 人称単数で現在
の文のときは，動詞に
-(e)sをつけ，過去の文
のときは動詞を過去形
にする。

☐❶ What does Kana want?
　　Do you know ＿＿＿＿＿＿＿＿＿＿＿＿＿＿＿＿＿＿＿＿ ?
　　あなたは（　　　　　　　　　　　　　　　　）知っていますか。

☐❷ Who is that woman?
　　I wonder ＿＿＿＿＿＿＿＿＿＿＿＿＿＿＿＿＿＿＿＿＿＿ .
　　（　　　　　　　　　　　　　　　　　　　）かしら。

☐❸ Where did he buy the ticket?
　　I want to know ＿＿＿＿＿＿＿＿＿＿＿＿＿＿＿＿＿＿＿ .
　　私は（　　　　　　　　　　　　　　　　）知りたいです。

☐❹ How long has Mr. Brown lived in Japan?
　　I don't know ＿＿＿＿＿＿＿＿＿＿＿＿＿＿＿＿＿＿＿＿ .
　　私は（　　　　　　　　　　　　　　　　）知りません。

Lesson 7 ~ Project 3

ヒント

❻ 次の文を（　）内の指示にしたがって書きかえるとき，
　　　　に適切な語を書きなさい。

☐ ❶ I want to read the book.
　　（「彼に…してもらいたいです」という意味の文に）
　　I ＿＿＿＿＿＿＿＿ ＿＿＿＿＿＿＿＿ ＿＿＿＿＿＿＿＿ read the book.

☐ ❷ She was looking for her wallet.
　　（「私は彼女が…するのを手伝いました」という意味の文に）
　　I ＿＿＿＿＿＿＿＿ ＿＿＿＿＿＿＿＿ ＿＿＿＿＿＿＿＿ for her wallet.

☐ ❸ My mother said to me, "Wash the dishes."
　　（ほぼ同じ意味の文にして，できた文を日本文に）
　　My mother ＿＿＿＿＿＿＿＿ ＿＿＿＿＿＿＿＿ ＿＿＿＿＿＿＿＿
　　wash the dishes.
　　（　　　　　　　　　　　　　　　　　　　　　　　　　）

☐ ❹ I said to her, "Please sing a song at the party."
　　（ほぼ同じ意味の文にして，できた文を日本文に）
　　I ＿＿＿＿＿＿＿＿ ＿＿＿＿＿＿＿＿ ＿＿＿＿＿＿＿＿ sing a song
　　at the party.
　　（　　　　　　　　　　　　　　　　　　　　　　　　　）

❻
❶〈want to＋動詞の原形〉と〈want＋A＋to＋動詞の原形〉の違いに注意しよう。
❷look for ...「…をさがす」
❸命令文は〈tell＋A＋to＋動詞の原形〉で書きかえる。
❹ていねいな命令文は〈ask＋A＋to＋動詞の原形〉で書きかえる。

❼ 次の英文を日本語にしなさい。

☐ ❶ More women are working than ever before.
　　（　　　　　　　　　　　　　　　　　　　　　　　　　）

☐ ❷ Please tell me when you went to Australia.
　　（　　　　　　　　　　　　　　　　　　　　　　　　　）

☐ ❸ Ken's parents want him to be a baseball player.
　　（　　　　　　　　　　　　　　　　　　　　　　　　　）

☐ ❹ Yuna helped her sister finish the homework.
　　（　　　　　　　　　　　　　　　　　　　　　　　　　）

❼
❷間接疑問文。
❸❹動詞の意味をしっかりとろう。

❽ 次の日本語に合う英文になるように，
　　（　）内の語句を並べかえなさい。

☐ ❶ 私は今月末までに決断しなければなりません。
　　I (decision / this month / have / by / of / make / to / a /
　　the end).
　　I ＿＿＿＿＿＿＿＿＿＿＿＿＿＿＿＿＿＿＿＿＿＿＿＿＿＿.

☐ ❷ 私の兄は私に昼食を作るように頼みました。

(cook / asked / to / lunch / my brother / me).

_____ .

☐ ❸ あなたはケンが毎朝何時に家を出るか知っていますか。

(know / leaves / you / what / do / morning / Ken / time / every / home)?

_____ ?

☐ ❹ 私は祖母がコンピューターを使うのを手伝いました。

(a computer / helped / use / my grandmother / I).

_____ .

☐ ❺ 何が彼女を悲しませたのかしら。

(made / I / sad / what / her / wonder).

_____ .

☐ ❻ あなたは私にいつここに来てほしいですか。

(come / to / when / do / you / want / here / me)?

_____ ?

❾ 次の日本語を（　）内の指示にしたがって英文にしなさい。

☐ ❶ 私はオーストラリアで楽しい時を過ごしました。（greatを用いて）

_____

☐ ❷ 私は彼らにこの映画を見てもらいたいです。（7語で）

_____

☐ ❸ 私が英語で手紙を書くのを手伝ってくれませんか。

（a letterを用いて，9語で）

_____

☐ ❹ 私は彼女の誕生日がいつなのか知りたいです。（8語で）

_____

❽
❸What time does Ken leave home every morning? を間接疑問にする。
❺疑問詞が主語の文なので，〈疑問詞＋動詞 ...〉の語順。「A を B にする」はmake A B。

❾
❸「…してくれませんか。」は Can[Will] you ...? で表す。
❹When is her birthday? を間接疑問にする。

Step 3 予想テスト Lesson 7 For Our Future ~ Project 3

30分　目標 80点　/100点

❶ 次の日本語に合う英文になるように，＿＿に適切な語を書きなさい。知　15点（各完答5点）

❶ あなたがそのかばんをどこで買ったのか教えてください。

Please tell me ＿＿＿＿ ＿＿＿＿ ＿＿＿＿ the bag.

❷ 私はあなたたちに私の家に来てもらいたいです。

I ＿＿＿＿ ＿＿＿＿ ＿＿＿＿ come to my house.

❸ 私の父は私がバスケットボールを練習するのを手伝ってくれました。

My father ＿＿＿＿ ＿＿＿＿ ＿＿＿＿ basketball.

❷ 次の文がほぼ同じ意味の英文になるように，＿＿に適切な語を書きなさい。知

15点（各完答5点）

❶ My mother often says to me, "Go to bed early."

My mother often ＿＿＿＿ ＿＿＿＿ ＿＿＿＿ go to bed early.

❷ Risa said to him, "Will you go to the library with me?"

Risa ＿＿＿＿ ＿＿＿＿ ＿＿＿＿ go to the library with her.

❸ I don't know what to do.

I don't know ＿＿＿＿ ＿＿＿＿ should ＿＿＿＿.

❸ 次の日本語に合う英文になるように，（　）内の語句を並べかえなさい。知　15点（各5点）

❶ 明日の天気がどうなるか知っていますか。

(tomorrow / know / the weather / you / how / be / do / will)?

❷ 私の両親は私に勉強するように言いませんでした。

(me / did / study / my parents / tell / not / to).

❸ あなたがスピーチの準備をするのをだれが手伝いましたか。

(prepare / helped / who / your speech / you)?

❹ 次の会話を読んで，あとの問いに答えなさい。知　35点

Riku: How did you like school in Japan?

Kate: ①(　)(　) the truth, it was difficult at first. I couldn't figure out what people were saying.

Riku: You put a lot of effort into studying. ②Now you're a good Japanese speaker.

Kate: Thanks. I have many wonderful memories of our class.

Riku: ③We really (　) a great time together.

56　成績評価の観点　知…言語や文化についての知識・技能　表…外国語表現の能力

❶ 下線部①が「実を言えば」という意味になるように，（　）に適切な語を答えなさい。　(8点)

❷ 下線部②について，陸は，ケイトが日本語を上手に話せるようになったのは，ケイトが何をしたからだと思っていますか。日本語で答えなさい。　(7点)

❸ 下線部③が意味の通る英文になるように，（　）に適切な語を答えなさい。　(10点)

❹ ケイトが最初，日本の学校が難しいと思ったのはなぜですか。日本語で答えなさい。　(10点)

❺ **次のような状況のとき，英語で何と言いますか。（　）内の指示にしたがって，英文を書きなさい。** 表　20点(各10点)

❶ 離れたところにいる女の子の名前を知っているかどうか，友達に聞きたいとき。(whatを使って)

❷ 友達に，このテーブルを動かすのを手伝ってもらいたいと伝えたいとき。(Iで文を始めて)

❶	❶			
	❷			
	❸			
❷	❶			
	❷			
	❸			
❸	❶			?
	❷			.
	❸			?
❹	❶			
	❷			
	❸			
	❹			
❺	❶			
	❷			

Lesson 7 ~ Project 3

Step 1 **基本チェック** : **Reading for Fun 2~3**
A Present for You / Learning from Nature 10分

■ 赤シートを使って答えよう！

❶ [関係代名詞（主格）]　　　　　　　　　　　　　　　　　　　　解答欄

□❶ 彼女は大きな庭のある家に住んでいます。　　　　　　　　　　❶ _____
　　She lives in a house [who / that] has a large garden.

□❷ 私にはフランスに住んでいる友人がいます。　　　　　　　　　❷ _____
　　I have a friend [who / which] lives in France.

❷ [look＋形容詞]

□❶ 彼は眠そうに見えました。　　　　　　　　　　　　　　　　　❶ _____
　　He [looked] [sleepy].

□❷ あの女の子は悲しそうに見えます。　　　　　　　　　　　　　❷ _____
　　That girl [looks] [sad].

POINT ....

【A Present for You】

❶ [関係代名詞（主格）]：〈名詞＋関係代名詞＋動詞 ...〉の語順。

・She saw a large gray cat that had large gray eyes.
　　　　　　（もの）　　　　　　　　動詞　［彼女は大きな灰色の目をした大きな灰色のネコを見ました。］

・She saw a large woman who had cold eyes.　［彼女は冷たい目をした大柄な女性を見ました。］
　　　　　　（人）　　　　　　動詞

※前の名詞が「もの」のときはwhichまたはthat，「人」のときはwhoまたはthatを使う。

❷ [look＋形容詞]

「…のように見える」→〈look＋形容詞〉

・She thought that she looked exhausted.　［彼女は自分が疲れ果てているように見えると思いました。］
　　　　　　　　　　　　　　形容詞

❸ [to不定詞]

□ **❶** 私の趣味は本を読むことです。

My hobby is [to] [read] books.

❶

□ **❷** 私は大阪に行きたいです。

I want [to] [go] to Osaka.

❷

□ **❸** 私にはきょう, すべき宿題がたくさんあります。

I have a lot of homework [to] [do] today.

❸

□ **❹** 私はテニスをするために公園に行きました。

I went to the park [to] [play] tennis.

❹

POINT

【Learning from Nature】

❸ [to不定詞]：〈to＋動詞の原形〉の形。

①名詞用法：「…すること」

・The team decided to slow down the trains before they went into the tunnels.

〈decide to＋動詞の原形〉
「…することを決める」　[そのチームは, 列車がトンネルに入る前に列車の速度を落とすことを決めました。]

※名詞用法のto不定詞は, 文の中で主語・目的語・補語として使うことができる。

②形容詞用法：「…するための」→〈(代)名詞＋to＋動詞の原形〉

・Is there a way to manage sudden changes in pressure?

[圧力の突然の変化をなんとかする方法はありますか。]

※〈to＋動詞の原形〉が後ろから前の名詞を修飾する。

③副詞用法：「…するために」：動作の目的や, 感情の原因・理由を表す。

・The train company made a team to solve the problem.

チームを作った目的

[その鉄道会社はその問題を解決するためにチームを作りました。]

・I was happy to hear the news.　[私はその知らせを聞いてうれしかったです。]

うれしかった理由

Step 2 予想問題 Reading for Fun 2 A Present for You

20分
(1ページ10分)

❶ ❶〜❻は単語の意味を書き，❼〜⓬は日本語を英語にしなさい。 🔍ヒント

☐❶ yard （　　　　　）　　☐❷ exhausted （　　　　　）

☐❸ dark （　　　　　）　　☐❹ shabby （　　　　　）

☐❺ silent （　　　　　）　　☐❻ beautifully （　　　　　）

☐❼ お金 ＿＿＿＿＿　　☐❽ 夫 ＿＿＿＿＿

☐❾ 妻 ＿＿＿＿＿　　☐❿ 受け入れる ＿＿＿＿＿

☐⓫ 結婚する ＿＿＿＿＿　　☐⓬ 〔ドアなどを〕ノックする

❶
❶アメリカではyard，
　イギリスではgarden。
❽と❾は対になる語。
❿refuseの反意語。

❷ 次の各語で，最も強く発音する部分の記号を〇で囲みなさい。

☐❶ Christ-mas　　☐❷ jew-el　　☐❸ si-lent
　　　ア　イ　　　　　ア　イ　　　　　ア　イ

❸ 次の日本語に合う英文になるように，（　）内に入れるのに最も
適切な語を選んで，記号を〇で囲みなさい。

☐❶ 私は「私にはできる」とひとりごとを言いました。
I said to （　　）, "I can do it."
㋐ my　　㋑ me　　㋒ myself

☐❷ 彼女はドアのところまで行って，ノックしました。
She went （　　）to the door and knocked.
㋐ on　　㋑ up　　㋒ in

☐❸ ここでくつを脱がなければなりません。
You have to take your shoes （　　）here.
㋐ off　　㋑ on　　㋒ out

☐❹ 私はかばんからノートを取り出しました。
I took （　　）a notebook from my bag.
㋐ off　　㋑ on　　㋒ out

☐❺ しばらくここで待っていてください。
Please wait here for a （　　）.
㋐ while　　㋑ set　　㋒ long

❸
❶「ひとりごとを言う」
　→「自分に言う」と考
　える。
❸「…を脱ぐ」は take
　（　　）。
❹「取り出す」は take
　（　　）。

❹ 次の日本語に合う英文になるように，
　　　　　 に適切な語を書きなさい。

□**❶** 彼女はとても驚いているように見えました。
　　She ＿＿＿＿＿＿＿＿＿ very ＿＿＿＿＿＿＿＿＿.

□**❷** 駅前で立っている男の子はだれですか。
　　Who is the ＿＿＿＿＿＿＿＿＿ ＿＿＿＿＿＿＿＿＿
　　standing in front of the station?

□**❸** 彼がその本を書いたのですよね？
　　He wrote the book, ＿＿＿＿＿＿＿＿＿ ＿＿＿＿＿＿＿＿＿?

❺ 次の英文を読んで，あとの問いに答えなさい。

　　One dollar and eighty-seven cents. That was all. Della counted the money again. One dollar and eighty-seven cents.

　　The next day was Christmas. Della wanted to buy a present for her husband, Jim, but they were poor. One dollar and eighty-seven cents was not enough.

　　She stood by the window and looked out. It was snowing. She saw a large gray cat that had large gray eyes. ①It was walking slowly on a gray fence in the gray yard. ②Everything (　　) gray.

オー・ヘンリー　賢者の贈り物より

□**❶** 下線部①が指すものを 9 語の英語で抜き出して答えなさい。

＿＿＿＿＿＿＿＿＿＿＿＿＿＿＿＿＿＿＿＿＿＿

□**❷** 下線部②が「すべてが灰色に見えました。」という意味の英文になるように，（　）に適切な語を答えなさい。 ＿＿＿＿＿＿＿＿

□**❸** デラが持っていたお金はいくらですか。空所に適切な数字を答えなさい。
　　（　　　　　　　）ドル（　　　　　　　）セント

□**❹** 本文に関する次の質問に英語で答えなさい。
　　㋐ Why did Della want to buy a present for Jim?

＿＿＿＿＿＿＿＿＿＿＿＿＿＿＿＿＿＿＿＿＿＿

　　㋑ How was the weather?

＿＿＿＿＿＿＿＿＿＿＿＿＿＿＿＿＿＿＿＿＿＿

ヒント

❹
❶「…のように見える」は〈look＋形容詞〉。
❷〈名詞＋関係代名詞＋動詞 …〉の語順。
❸付加疑問文。前の部分は一般動詞の過去の文。

❺
❶前の文を参照。
❷時制に注意。
❹㋐Why …?に答えるので，「…だからです。」という文にする。
㋑天候を答える。

Step 2 予想問題 ● **Reading for Fun 3**
Learning from Nature

⏱ 20分
(1ページ10分)

❶ ❶〜❻は単語の意味を書き，❼〜⓬は日本語を英語にしなさい。 💡ヒント

☐ ❶ observe （　　　　） ☐ ❷ resistance （　　　　）

☐ ❸ sudden （　　　　） ☐ ❹ imitate （　　　　）

☐ ❺ evolve （　　　　） ☐ ❻ wisdom （　　　　）

☐ ❼ 圧力 _____ ☐ ❽ 彼自身を〔に〕 _____

☐ ❾ もたらす _____ ☐ ❿ なんとかうまく…する _____

☐ ⓫ 前へ，前方に _____ ☐ ⓬ 方法，方式 _____
　　（aで始まる）　　　　　　　　　　　　（mで始まる）

❶
❸形容詞。suddenlyは
　副詞。

❷ 次の各語で，最も強く発音する部分の記号を○で囲みなさい。

☐ ❶ an-noy　　　☐ ❷ spe-cif-ic　　　☐ ❸ de-ve-lop
　　ア　イ　　　　　　ア　イ　ウ　　　　　　ア　イ　ウ

❸ 次の日本語に合う英文になるように，（　）内に入れるのに最も
適切な語句を選んで，記号を○で囲みなさい。

☐ ❶ 私の祖母は毎朝散歩します。
　　My grandmother （　　） a walk every morning.
　　㋐ has　㋑ takes　㋒ gets

☐ ❷ 文化祭は大成功という結果になりました。
　　Our school festival resulted （　　） a great success.
　　㋐ in　㋑ on　㋒ for

☐ ❸ 悪天候のために，私たちはサッカーをすることができませんでした。
　　We couldn't play soccer （　　） bad weather.
　　㋐ because　㋑ due to　㋒ for

☐ ❹ 私の妹はいつも私が夕食を作るのを手伝ってくれます。
　　My sister always helps me （　　） dinner.
　　㋐ cook　㋑ cooks　㋒ cooking

☐ ❺ あなたは今までに宇宙について考えたことがありますか。
　　（　　） you ever thought of space?
　　㋐ Do　㋑ Were　㋒ Have

❸
❸空所のあとが名詞で
　ある点に注意。
❹「(人)が…するのを
　手伝う」の形。
❺経験をたずねる文。

❹ 次の日本語に合う英文になるように， ___ に適切な語を書きなさい。

□ ❶ 動物たちの世話をすることは彼にとって簡単でした。

_____ was easy for him _____

_____ care of animals.

□ ❷ 何か冷たい飲み物はありますか。

Do you have _____

drink?

□ ❸ 私は科学者になるために，熱心に勉強しています。

I study hard _____ a scientist.

❺ 次の英文を読んで，あとの問いに答えなさい。

❺
❶「…かもしれない」と
いう意味を表す助動
詞を入れる。
❷適切な関係代名詞を
選ぶ。
❸目的はto不定詞で
表すことができる。

①You ( ) know another biomimetic success: the Shinkansen. Before the 1990s, the Shinkansen had a problem with the air resistance in tunnels. Trains entered the narrow tunnels at high speed. This created air pressure inside the tunnel. When the train rushed out of the tunnel, it pushed the air ahead of it. The sudden change in pressure resulted in a loud noise (②) annoyed people almost half-a-kilometer away. The train company made a team to solve the problem. The team decided to slow down the trains before they went into the tunnels. This reduced the noise, but it increased the time.

□ ❶ 下線部①が「あなたは別の生体模倣技術を使った成功を知っているかもしれません」という意味になるように，( )に適切な語を書きなさい。

_____

□ ❷ ②の( )に適切な語を次の中から選び，記号を○で囲みなさい。

㋐ who   ㋑ which   ㋒ whose

□ ❸ 本文に関する次の質問に英語で答えなさい。

Why did the train company make a team?

_____

□ ❹ トンネルに入る前に列車の速度を落とした結果，どうなりましたか。日本語で答えなさい。

(_____)

テスト前 ☑ やることチェック表

① まずはテストの目標をたてよう。頑張ったら達成できそうなちょっと上のレベルを目指そう。
② 次にやることを書こう（「ズバリ英語〇ページ，数学〇ページ」など）。
③ やり終えたら□に✔を入れよう。
　最初に完ぺきな計画をたてる必要はなく，まずは数日分の計画をつくって，
　その後追加・修正していっても良いね。

目標

	日付	やること1	やること2
2週間前	／	☐	☐
	／	☐	☐
	／	☐	☐
	／	☐	☐
	／	☐	☐
	／	☐	☐
	／	☐	☐
1週間前	／	☐	☐
	／	☐	☐
	／	☐	☐
	／	☐	☐
	／	☐	☐
	／	☐	☐
	／	☐	☐
テスト期間	／	☐	☐
	／	☐	☐
	／	☐	☐
	／	☐	☐
	／	☐	☐

キリトリ線

英語3年 三省堂版

QRコードのページに登録すると，「ぴたリンク」からも表をダウンロードできるよ

テスト前 ☑ やることチェック表

① まずはテストの目標をたてよう。頑張ったら達成できそうなちょっと上のレベルを目指そう。
② 次にやることを書こう（「ズバリ英語〇ページ，数学〇ページ」など）。
③ やり終えたら☐に✓を入れよう。
　最初に完ぺきな計画をたてる必要はなく，まずは数日分の計画をつくって，
　その後追加・修正していっても良いね。

目標

	日付	やること1	やること2
2週間前	／	☐	☐
	／	☐	☐
	／	☐	☐
	／	☐	☐
	／	☐	☐
	／	☐	☐
	／	☐	☐
1週間前	／	☐	☐
	／	☐	☐
	／	☐	☐
	／	☐	☐
	／	☐	☐
	／	☐	☐
	／	☐	☐
テスト期間	／	☐	☐
	／	☐	☐
	／	☐	☐
	／	☐	☐
	／	☐	☐

三省堂版 英語3年 ニュークラウン ｜ 定期テスト ズバリよくでる ｜ 解答集

Lesson 1 〜 文法のまとめ①

pp.4-7　Step ❷

❶ ❶（企画などを）開始する
❷…のように見える　❸思い出させる
❹信頼する，信用する
❺勇気づける　❻荒々しい
❼building　❽hate　❾close
❿while　⓫issue　⓬move

❷ ❶ア　❷ア　❸イ

❸ ❶イ　❷イ　❸エ　❹ア　❺ウ

❹ ❶came up with　❷decided to
❸has been using
❹Has, been, since, she has
❺How long, studying, Since, ate[had]

❺ ❶raining　きのうから雨が降り続いています
か。
❷listening　私は３時間ずっとラジオを聞き
続けています。
❸wanted　あなたは長い間新しいかばんをほ
しいと思っていますか。
❹doing　私の兄[弟]は今朝からずっと宿題
をし続けています。

❻ ❶has been, for　❷has, baking, since
❸have been reading, for
❹How long, been

❼ ❶Yes, she has.
❷No, they have not[haven't].
❸I have[I've] been writing a
letter[letters] (since this morning).
❹(It has been snowing) Since last month.

❽ ❶特におすすめの映画はありますか。
❷私は将来の夢をあきらめませんでした。
❸その赤ちゃんは長い間泣き続けていますか。
❹その生徒たちはどれくらい長くボランティ
ア活動をしていますか。

❾ ❶They have been talking since last

night(.)
❷How long has your brother been
playing baseball(?)
❸The singer has been singing for two
hours(.)
❹I have been studying in the library for
more than three hours(.)

❿ ❶I have[I've] been staying in Tokyo for
three days.
❷She has been watching[seeing] a
movie[film] since this morning.
❸How long have you been waiting for
him?

考え方

❶ ❿whileは接続詞で，〈while＋主語＋動詞 ...〉
の形で使う。duringは前置詞で，〈during
＋名詞〉の形で使う。

❷ ❶ál-bum　❷trúm-pet
❸in-strúc-tion

❸ ❶「日ごとに」はday by dayで表す。
❷knowは状態を表す動詞なので，ふつう進
行形にしない。現在完了形にする。
❸前にhave beenがあるので，現在完了進
行形〈have been＋動詞の-ing形〉の文。
❹主語が複数なので，Have。
❺「どれくらい長く」と期間をたずねるときは，
How longで文を始める。

❹ ❶「…を思いつく」はcome up with ...で表す。
❷「…することを決心する」はdecide to ...で
表す。
❸「…し続けている」は〈have[has] been＋動
詞の-ing形〉で表す。
❹現在完了進行形の疑問文は〈Have[Has]＋
主語＋been＋動詞の-ing形 ...?〉で表す。
答えの文でもhave[has]を使う。
❺「どれくらい長く」はHow longで文を始め

1

て，現在完了進行形の疑問文の形を続ける。「…してから」は〈since ＋ 主語 ＋ 動詞 ...〉で表す。

❺ ❶ rainを入れて「雨が降り続いていますか」という現在完了進行形の疑問文にする。

❷ 空所のあとにtoがあるのでlistenを使う。

❸ wantは状態を表す動詞なので，ふつう進行形にしない。前にhaveがあるので，現在完了形の疑問文にする。

❹ 空所のあとにhis homeworkがあるので，doを使う。

❻ ❶「タクは1時間ずっとギターを練習し続けています。」という文にする。

❷「私の姉[妹]は今朝からずっとケーキを焼き続けています。」という文にする。

❸「私は30分前に本を読み始めて，まだそれを読んでいます。」→「私は30分間ずっと本を読み続けています。」という文にする。

❹「10時から」という部分に下線が引いてあるので，「ミユとあなたはいつからその歌手を待っていますか。」という文にする。「いつから」→「どれくらい長く」と考え，期間をたずねる文にする。

❼ ❶「カオリは30分間ずっとイヌを散歩させ続けていますか。」にYesで答える。答えの文でもhasを使う。

❷「その女の子たちは何時間も絵を描き続けていますか。」にNoで答える。答えの文でもhaveを使う。

❸「あなたは今朝から何をし続けていますか。」に現在完了進行形の文で具体的に答える。

❹「北海道ではどれくらい長く雪が降り続いていますか。」に「先月からです。」と答える。「…から」はsince ...で表す。

❽ ❶「特におすすめの…はありますか。」とたずねる表現。

❷ give up「諦める」

❸ 現在完了進行形の疑問文。「（ずっと）…し続けていますか。」と訳す。for a long timeは「長い間」。

❹ How longは「どのくらい長く」。

❾ ❶「ずっと…し続けている」は〈have[has] been ＋ 動詞の -ing形〉で表す。

❷「どれくらい長く」はHow longで文を始めて，現在完了進行形の疑問文の形〈have[has] ＋ 主語 ＋ been ＋ 動詞の -ing形 ...?〉を続ける。

❸「ずっと…し続けている」は〈have[has] been ＋ 動詞の -ing形〉で表す。

❹「…より多く」はmore than ...で表す。

❿ ❶「…に滞在する」はstay in ...で表す。指定があるので，ここでは現在完了進行形で表す。現在完了形を用いてI have stayed in Tokyo for three days.としてもほぼ同じ意味。

❷「今朝から」はsince this morningで表す。

❸「どれくらい長く…し続けていますか。」は〈How long have[has] ＋ 主語 ＋ been ＋ 動詞の -ing形 ...?〉で表す。

pp.8-9　Step ❸

❶ ❶ has been growing
❷ been raining for
❸ have been swimming

❷ ❶ ア　彼女は先月からコンピューターをほしいと思っています。
❷ ア　あなたはどれくらい長くテレビを見続けていますか。
❸ ア　私は10年間ユリを知っています。

❸ ❶ Have you been studying since last night(?)
❷ How long has your sister been playing a video game(?)
❸ Ryo has been practicing the piano since he finished his homework(.)

❹ ❶ 私たちはまだ決めていません。
❷ 文化祭で何を演奏するか。
❸ 思いつきました
❹ No, it isn't[it's not].

❺ ❶ (例)Yuki has been listening to music for an hour.
❷ (例)It has been snowing since last night.

考え方

❶ ❶「ずっと…し続けています」は〈have[has] been＋動詞の-ing形〉で表す。

　❷「3日前から」は「3日間」と考え，for three daysで表す。

　❸ swimはmを重ねてingをつけ，swimming とする。

❷ ❶ wantは状態を表す動詞なので，ふつう進行形にしない。

　❷ How longは「どれくらい長く」と期間をたずねるとき，How many timesは「何回」と回数をたずねるときに使う。

　❸ knowは状態を表す動詞なので，ふつう進行形にしない。

❸ ❶「ずっと…し続けていますか。」は〈Have[Has] ＋主語＋been＋動詞の-ing形 …?〉で表す。

　❷「いつから」→「どれくらい長く」と考え，How longで文を始めて，現在完了進行形の疑問文の形を続ける。

　❸「ずっと…し続けています」は〈have[has] been＋動詞の-ing形〉，「…してから」は〈since＋主語＋動詞 …〉で表す。

❹ ❶ 現在完了形の否定文。yetは「まだ」という意味。

　❷ ブラウン先生の最初の発言の内容を指す。

　❸ 前のブラウン先生の発言Have you come up with any ideas?に対してYes.と答えている。

　❹「陸のバンドは文化祭で2曲演奏する予定ですか。」という質問。陸の最後の発言から，2曲にしぼったとわかるが，2曲とも演奏するとは言っていない。

❺ ❶「ユキは1時間ずっと音楽を聞き続けています。」という文にする。

　❷「昨夜からずっと雪が降り続いています。」という文にする。

Lesson 2 ～ Project 1

pp.12-15 **Step ❷**

❶ ❶ 映画　❷ 物語，お話　❸ 文学，文献

❹ 作曲する；組み立てる

❺ 10億

❻ 主として，たいてい，大部分は

❼ system　❽ until　❾ through

❿ remain　⓫ suggestion

⓬ business

❷ ❶ ア　❷ イ　❸ イ

❸ ❶ イ　❷ エ　❸ ア　❹ ア　❺ ウ

❹ ❶ depends on

　❷ were encouraged by

　❸ isn't sold　❹ was found

　❺ Is，seen，it is　❻ According to

❺ ❶ held　その祭りは毎年秋に行われます。

　❷ carried　その箱は台所に運ばれました。

　❸ washed　その皿は私の姉[妹]によって洗われます。

　❹ read　これらの本は多くの子どもたちに読まれました。

　❺ sung　どんな歌がパーティーで歌われましたか。

❻ ❶ are，said by　❷ is not liked

　❸ Are，made，they aren't[they're not]

　❹ Where were，taken

❼ ❶ is taught by

　❷ aren't created by　❸ wasn't cooked by

　❹ were written by　❺ Are，watered by

❽ ❶ 私はきのう図書館の近くで彼と偶然出会いました。

　❷ この新聞は今朝配達されました。

　❸ この国では英語とフランス語が話されています。

　❹ 窓は今朝開けられましたか。

❾ ❶ I was given this bicycle for my birthday(.)

　❷ The door was not locked last night(.)

　❸ (The words) are remembered when I'm in trouble(.)

　❹ Where is the watch sold(?)

❿ ❶ This letter is written in English.

　❷ That house was built three years ago.

　❸ Is this computer used by your sister?

考え方

❶ ❶「映画」はイギリスではfilm，アメリカではmovieを使うことが多い。

　❷ storyと同じ意味。

　❺ millionは「100万」，billionは「10億」を表す。

❷ ❶ Ín-di-an　❷ de-lív-er

　❸ of-fí-cial

❸ ❶ 受け身形の文は〈be動詞＋動詞の過去分詞〉で表す。visitの過去分詞はvisited。

　❷ 主語が3人称単数で過去の文なので，was builtが適切。buildの過去分詞はbuilt。

　❸ 主語が3人称単数で現在の文なので，isn'tを入れる。

　❹ 主語が3人称単数で過去の文なので，be動詞はwasを使う。

　❺ 受け身形の疑問文では，動詞は過去分詞のまま。原形にはしない。

❹ ❶「…次第である」はdepend on ...で表す。

　❷ 主語が複数で過去の文なので，be動詞はwere。「勇気づける」encourageは規則動詞なので，過去分詞はencouraged。「…に（よって）」はby ...で表す。

　❸ 主語が3人称単数で現在の否定文なので，〈is not＋動詞の過去分詞〉の形にする。空所の数に合わせて短縮形isn'tを使う。「売る」sellの過去分詞はsold。

　❹ 主語が3人称単数で過去の文なので，〈was＋動詞の過去分詞〉の形にする。「見つける」findの過去分詞はfound。

　❺「富士山はここから見られますか。」という受け身の文と考える。主語が3人称単数で現在の疑問文なので，〈Is＋主語＋動詞の過去分詞 ...?〉で表す。「見る」seeの過去分詞はseen。答えの文の主語はMt. Fujiを受けてitにする。

　❻「…によれば」according to ...

❺ すべて受け身形の文にする。

　❶ holdは不規則動詞で，過去分詞はheld。

　❷ carryは規則動詞で，過去分詞はcarried。

❸ washは規則動詞で，過去分詞はwashed。

❹ readは不規則動詞で，過去分詞はread。形は同じだが，発音が異なるので注意する。原形readは[riːd]，過去形・過去分詞readは[red]。

❺ singは不規則動詞で，過去分詞はsung。What songは「どんな歌」と訳す。

❻ ❶「私たちの先生はいつもこれらのことばを言います。」→「これらのことばはいつも私たちの先生によって言われます。」主語が複数で現在の文なので，〈are＋過去分詞〉にする。

　❷「その歌は若い人たちによって好かれています。」→「その歌は若い人たちによって好かれていません。」受け身形の否定文は，be動詞のあとにnotを置く。動詞は過去分詞のまま。

　❸「これらのカップはアメリカ製です。」受け身形の疑問文は，主語の前にbe動詞を出す。動詞は過去分詞のまま。答えの文の主語は代名詞にして，be動詞を使う。

　❹「これらの写真はどこで撮られましたか。」という文にする。「どこで」Whereで文を始めて，受け身形の疑問文の形〈be動詞＋主語＋動詞の過去分詞 ...?〉を続ける。

❼ ❶「ブラウン先生はこの学校で英語を教えています。」→「英語はこの学校でブラウン先生によって教えられています。」teachの過去分詞はtaught。

　❷「生徒たちは地図を作っていません。」→「地図は生徒たちによって作られていません。」主語が複数で現在の否定文なので，〈are not[aren't]＋過去分詞〉の形にする。

　❸「アミはきのう昼食を作りませんでした。」→「昼食はきのうアミによって作られませんでした。」主語が3人称単数で過去の否定文なので，〈was not[wasn't]＋過去分詞〉の形にする。

　❹「その男性がこれらの本を書きました。」→「これらの本はその男性によって書かれました。」writeの過去分詞はwritten。

　❺「その女の子があれらの花に水をやります

か。」→「あれらの花はその女の子によって水を与えられますか。」主語が複数で現在の疑問文なので，〈Are + 主語 + 過去分詞 ...?〉の形にする。waterは規則動詞なので，過去分詞はwatered。

❽ ❶ come across ...「…に偶然出会う」
❷ deliver「配達する」
❸ spokenはspeakの過去分詞。
❹ 受け身形の疑問文。wereはareの過去形。

❾ ❶「もらいました」は「与えられました」と考えられる。「誕生日に」はfor my birthday。
❷ 受け身形の過去の否定文は，〈主語 + was[were] not + 動詞の過去分詞 ....〉の形。
❸「困っている」はbe in trouble。
❹「どこで」Whereで文を始めて，受け身形の疑問文の形〈be動詞 + 主語 + 動詞の過去分詞 ...?〉を続ける。

❿ ❶ 主語が「この手紙」this letterで3人称単数で現在の文なので，〈is + 過去分詞〉の形。「書く」writeの過去分詞はwritten。
❷ 主語が「あの家」that houseで3人称単数で過去の文なので，〈was + 過去分詞〉の形。「建てる」buildの過去分詞はbuilt。
❸ 主語が「このコンピューター」this computerで3人称単数で現在の疑問文なので，〈Is + 主語 + 動詞の過去分詞 ...?〉で表す。「…によって」はby ...で表す。

pp.16-17 **Step ❸**

❶ ❶ was taught by　❷ made in
❸ are loved by
❷ ❶ is seen　❷ was visited by
❸ weren't sung by
❸ ❶ When is the concert held every year(?)
❷ (In Japan,) classrooms are cleaned by students(.)
❸ This book was written by my uncle(.)
❹ ❶ used　❷ ウ
❸ is spoken[used] by
❹ 人・状況
❺ ❶ (例)What language is spoken in your country?
❷ (例)What are you called by your family?

───────────────

考え方

❶ ❶ teachの過去分詞はtaught。
❷「…製である」は〈be動詞 + made in ...〉で表す。
❸ 主語が複数で現在の文なので，be動詞はare。「…に」はby ...で表す。

❷ ❶「東京スカイツリーは私の家から見られます。」という文にする。seeの過去分詞はseen。
❷「京都は昨年多くの外国人によって訪れられました。」という文にする。主語が3人称単数で過去の文なので，〈was + 動詞の過去分詞〉の形にする。もとの文の主語はby ...で表す。
❸「それらの歌はパーティーで女の子たちによって歌われませんでした。」という文にする。主語が複数で過去の否定文なので，〈were not + 動詞の過去分詞〉の形にする。空所の数に合わせて短縮形weren'tを使う。

❸ ❶「いつ」Whenで文を始めて，受け身形の疑問文の形〈be動詞 + 主語 + 動詞の過去分詞 ...?〉を続ける。holdの過去分詞はheld。
❷ cleanは規則動詞なので，過去分詞はcleaned。
❸ writeの過去分詞はwritten。

❹ ❶ 前にbe動詞areがあるので，進行形か受け身形の文。「…はインドで使われています。」とすると意味が通るので，受け身形の文に。useは規則動詞なので，過去分詞はused。
❷ ここではrupee noteとなっているので，「ルピー紙幣」という意味。「ノート」はnotebook。
❸ 本文3行目参照。「マラーティー語は家でディヌーの家族によって話されています。」という文にする。speakの過去分詞はspoken。「…によって」はby ...で表す。
❹ 本文最終文参照。depend on ...は「…次第である」という意味。

❺ ❶「どんな言語があなたの国で話されていますか。」という文にする。「どんな言語」What language(s)が主語になるので，あとに〈be動詞＋動詞の過去分詞 …?〉を続ける。
❷「あなたは家族に何と呼ばれていますか。」という文にする。「何」Whatで文を始めて，〈be動詞＋主語＋動詞の過去分詞＋by …?〉の形を続ける。

Lesson 3 〜 文法のまとめ③

pp.20-23 **Step ❷**

❶ ❶閃光，きらめき ❷病気 ❸さいふ
❹破壊する，こわす ❺現実
❻生き残る ❼cause ❽especially
❾receive ❿glass ⓫end
⓬tonight
❷ ❶ア ❷ア ❸イ
❸ ❶イ ❷ウ ❸イ ❹エ
❹ ❶エ ミクと呼ばれる友達
❷エ ベッドの下で眠っているネコ
❸エ ピアノを演奏している女の子
❹ア きのうされたサッカーの試合
❺イ 眠っているイヌ
❺ ❶At first ❷house built
❸boy running ❹girl sitting
❺to hear ❻taken by ❼What, mean
❻ ❶dancing ステージで踊っている女の子たちは私の同級生です。
❷spoken あなたの国で話されている言語は何ですか。
❸made 私の母によって作られた昼食はとてもおいしかったです。
❹making いすを作っている男の人は私の父です。
❺held 私たちはこの前の日曜日に開かれたパーティーを楽しみました。
❼ ❶to get ❷man standing
❸mountain seen ❹song sung by
❽ ❶天気はまもなく悪くなるでしょう。
❷私は女性のためにデザインされたこの腕時計がほしいです。

❸めがねをかけている女の子はユカです。
❹彼は試合に負けてショックを受けました。
❾ ❶The speech made by her was great(.)
❷Mr. Sato is a teacher teaching English to us(.)
❸The woman cleaning the room is my sister(.)
❹This is the bag given by my uncle(.)
❿ ❶I am happy[glad] to see you again.
❷I live in the house built by them.
❸The boy reading a book by the window is Ken.

考え方

❶ ❷sick「病気の」という形容詞に-nessがつくと「病気」という名詞になる。
❸purseは主に女性用の「さいふ」，walletは主に男性用の「さいふ」を表す。
❾receiveはsendの反意語。
❷ ❶dám-age ❷dís-count
❸me-mó-ri-al
❸ ❶「少なくとも」はat leastで表す。
❷「〜している…」は〈名詞＋動詞の-ing形＋語句〉で表す。
❸「〜される…」は〈名詞＋過去分詞＋語句〉で表す。
❹「〜して…」と感情の理由・原因を表すときは〈to＋動詞の原形〉で表す。
❹ ❶，❹〈過去分詞＋語句〉で名詞を修飾するときは，名詞のあとに置く。
❷，❸〈動詞の-ing形＋語句〉で名詞を修飾するときは，名詞のあとに置く。
❺動詞の-ing形が1語で名詞を修飾するときは，名詞の前に置く。
❺ ❶「最初」はat firstで表す。
❷「50年前に建てられた家」はthe houseをbuilt fifty years agoで後ろから修飾する。「建てられた」なので，buildの過去分詞builtにする。
❸「向こうで走っている男の子」はthe boyをrunning over thereで後ろから修飾する。

6

「走っている」なので，runの-ing形running
にする。

❹「ベンチにすわっている女の子」はthe girl
をsitting on the benchで後ろから修飾
する。「すわっている」なので，sitの-ing
形sittingにする。

❺「〜して…」は〈be動詞＋形容詞＋to＋動詞
の原形〜〉で表す。

❻「兄が撮った写真」→「兄によって撮られた
写真」と考え，the picturesをtaken by
my brotherで後ろから修飾する。takeの
過去分詞はtaken。

❼「どういう意味ですか。」はWhat do you
mean?で表す。

❻ ❶girlsとdanceは「女の子たちがおどってい
る」という関係になるので，dancingとする。

❷languageとspeakは「言語が話される」と
いう関係になるので，過去分詞spokenに
する。

❸lunchとmakeは「ランチが作られる」とい
う関係になるので，過去分詞madeにする。

❹manとmakeは「男性が作っている」という
関係になるので，makingとする。

❺partyとholdは「パーティーが開かれる」と
いう関係になるので，過去分詞heldにする。

❼ ❶「〜して…」と感情の理由・原因を表すとき
はto不定詞を用いる。「よい点数をとる」は
get a good scoreで表す。

❷「ドアのところに立っている男性」はthe
manをstanding at the doorで後ろから
修飾する。「立っている」なので，standの
-ing形standingとする。

❸「ここから見えるあの山」→「ここから見られ
るあの山」と考えて，that mountainを
seen from hereで後ろから修飾する。「見
られる」なので，seeの過去分詞seenにする。

❹「多くの子どもたちに歌われている歌」は
the songをsung by many childrenで後
ろから修飾する。「歌われている」なので，
singの過去分詞sungにする。

❽ ❶get worseは「悪くなる」という意味。worse

はbadの比較級。

❷designed for women が後ろからthis
watchを説明している。

❸wearing glassesが後ろからthe girlを説
明している。The girl ... glassesがこの
文の主語。

❹shocked「ショックを受けた」という感情の
理由・原因をあとのto不定詞で説明してい
る。

❾ ❶まず「演説はすばらしかったです」という部
分the speech was greatを組み立てる。
「彼女がした演説」→「彼女によってされた
演説」と考えて，the speechをmade by
herで後ろから修飾する。

❷まず「佐藤先生は先生です」という部分Mr.
Sato is a teacherを組み立てて，「私たち
に英語を教えている先生」をa teacher
teaching English to usで表す。

❸まず「女性は私の姉です」という部分the
woman is my sisterを組み立てて，「部
屋をそうじしている女性」をthe woman
cleaning the roomで表す。

❹「おじにもらったかばん」→「おじによって与
えられたかばん」と考えて，the bagを
given by my uncleで後ろから修飾する。

❿ ❶「〜して…」と感情の理由・原因を表すとき
は〈be動詞＋形容詞＋to＋動詞の原形〜〉
で表す。

❷「彼らによって建てられた家」を〈名詞＋過
去分詞＋語句〉の形で表す。

❸「その窓のそばで本を読んでいる男の子」を
〈名詞＋動詞の-ing形＋語句〉で表す。「…
のそばで」はby ...で表す。

pp.24-25　Step ❸

❶ ❶cap[hat] sold　❷boys playing
❸to hear

❷ ❶woman talking, is　❷taken by
❸to have

❸ ❶Who are the girls having lunch under
the tree(?)

❷ The language spoken in Australia is English(.)

❸ The boy jumping rope over there is my brother(.)

❹ ❶ to see

　❷ **戦争の現実を見ることは私たちにとって大切だという意見。**

　❸ raised　❹ ウ

❺ ❶ (例)The boy running in the park is Kaito.

　❷ (例)The girl listening to music is Eri.

考え方

❶ ❶「売られている」なので，sellの過去分詞soldにして，sold at the storeで後ろからa capを修飾する。

　❷「野球をしている」なので，playの-ing形playingにして，playing baseballで後ろからthose boysを修飾する。

　❸「〜して…」という感情の理由・原因は〈be動詞＋形容詞＋to＋動詞の原形〉で表す。

❷ ❶「その女性は私たちの音楽の先生です。彼女はマコと話しています。」→「マコと話している女性は私たちの音楽の先生です。」〈名詞＋動詞の-ing形＋語句〉の形。

　❷「これは写真です。私の姉[妹]は沖縄でそれを撮りました。」→「これは沖縄で私の姉[妹]によって撮られた写真です。」〈名詞＋過去分詞＋語句〉の形。

　❸「シュンは事故にあったとき，驚きました。」→「シュンは事故にあって驚きました。」「〜して…」と感情の理由・原因を表すときは〈be動詞＋形容詞＋to＋動詞の原形〉で表す。

❸ ❶「昼食をとっている」なので，haveは-ing形のhavingにして，〈名詞＋動詞の-ing形＋語句〉の形で表す。

　❷「話されている」なので，speakは過去分詞spokenにして，〈名詞＋過去分詞＋語句〉の形で表す。

　❸「なわとびをしている」なので，jumpは

-ing形のjumpingにして，〈名詞＋動詞の-ing形＋語句〉の形で表す。

❹ ❶「それら(＝被害を受けたもの)は私に衝撃を与えました。」→「私は展示されている被害を受けたものを見てショックを受けました。」

　❷ 本文2〜3行目のIt's ... war.をまとめる。

　❸ a questionとraiseは「質問が上げられる」という関係になるので，過去分詞raisedにする。

　❹ ㋐ 本文2行目に不一致。

　　㋑ 本文4行目に不一致。ケイトは戦争を2度と起こしてはいけないと言っている。

　　㋒ 本文4〜6行目に一致。

❺ ❶「公園で走っている男の子はカイトです。」という文にする。〈名詞＋動詞の-ing形＋語句〉の形。

　❷「音楽を聞いている女の子はエリです。」という文にする。

Lesson 4 〜 Reading for Information 2

pp.28-31　**Step ❷**

❶ ❶ ちょっとの時間，瞬間　❷ 発見

　❸ 説明　❹ 翻訳する，訳す

　❺ 文字通りに　❻ おそらく，たぶん

　❼ success　❽ land　❾ direction

　❿ whole　⓫ fat　⓬ pull

❷ ❶ イ　❷ ア　❸ ア

❸ ❶ ウ　❷ イ　❸ ア　❹ ウ

❹ ❶ takes care

　❷ which[that] are written

　❸ who[that] is　❹ which[that] is

　❺ who[that] are

　❻ which[that] were, are

　❼ even though

❺ ❶ who　本を読んでいる女の子

　❷ which　私の姉[妹]によってかかれた絵

　❸ who　私の家に来た男性は私の父の友達でした

❻ ❶ which[that] goes　❷ boy who[that]

　❸ who[that] has, is

❹ ❶ which[that] were
❼ ❶ who[that] studies
　❷ which[that] was
　❸ which[that] were　❹ who[that], are
❽ ❶ 博物館[美術館]への行き方を教えてくださいませんか。
　❷ その女の子は窓から身を引き離しました。
　❸ これは多くの人々に訪れられるレストランです。
　❹ 向こうで走っている生徒たちは疲れているように見えます。
❾ ❶ I want to live in a house which has (a large kitchen.)
　❷ (I) have a friend who lives in Sapporo(.)
　❸ The language which is spoken in this country is Spanish(.)
　❹ The girl that came to see me is (Emi.)
　❺ Is this the picture that was taken by your father(?)
❿ ❶ I want to talk with the boy who[that] is sitting under the tree.
　❷ She has a brother who[that] can play the guitar well[is good at playing the guitar].
　❸ The sandwiches which[that] are sold at the store[shop] are popular.
　❹ That is a school which[that] was built twenty years ago.

考え方

❶ ❷ discoveryは「発見」という意味の名詞，discoverは「発見する」という意味の動詞。
　❸ explanationは「説明」という意味の名詞，explainは「説明する」という意味の動詞。
　❻ probablyもperhapsも「おそらく，たぶん」という意味だが，probablyのほうが，話し手の確信度は高い。
❷ ❶ ad-více　❷ tál-ent-ed
　❸ fré-quent-ly
❸ ❶ 「たくさんの…」はa lot of ...やlots of ...で

表すことができる。
　❷ 前の名詞が「もの」なので，関係代名詞はwhichを使う。
　❸ 前の名詞が「人」なので，関係代名詞はwhoを使う。
　❹ 前の名詞が「人」なので，関係代名詞はwhoまたはthat。また，playersは複数なので，関係代名詞のあとのbe動詞はareにする。
❹ ❶ 「…の世話をする」はtake care of ...で表す。主語が3人称単数なので，takesとするのを忘れないこと。
　❷ booksは「もの」なので，関係代名詞はwhichまたはthatを使う。「…で書かれている」は〈be動詞 + written in ...〉で表す。booksが複数なので，be動詞はare。
　❸ boyは「人」なので，関係代名詞はwhoまたはthatを使う。「話している」は現在進行形で表す。boyは3人称単数なので，be動詞はis。
　❹ catは「もの」なので，関係代名詞はwhichまたはthatを使う。「眠っている」は現在進行形で表す。catは3人称単数なので，be動詞はis。
　❺ studentsは「人」なので，関係代名詞はwhoまたはthatを使う。「そうじしている」は現在進行形で表す。studentsは複数なので，be動詞はare。
　❻ picturesは「もの」なので，関係代名詞はwhichまたはthatを使う。「撮られた」は受け身の文で表す。picturesは複数なので，wereを使う。また，「(彼によって撮られた)写真が壁にかかっています。」なので，The pictures (which[that] were taken by him) are on the wall.とする。
　❼ 「たとえ…でも」はeven thoughで表す。
❺ ❶ girlが「人」なので，関係代名詞はwho。
　❷ picturesが「もの」なので，関係代名詞はwhich。
　❸ manが「人」なので，関係代名詞はwho。この文全体の構造はThe man was my father's friend.で，主語のThe manを

9

who came to my house yesterdayで後ろから説明している。

❻ ❶「これは神戸行きの電車です。」という文にする。trainは「もの」なので，関係代名詞はwhichまたはthatを使う。

❷「サッカーをしている男の子を見てください。」という文にする。boyは「人」なので，関係代名詞はwhoまたはthatを使う。

❸「大きなかばんを持っている男性は私のおじです。」という文にする。manは「人」なので，関係代名詞はwhoまたはthatを使う。

❹「私はその歌手によって歌われた歌が好きです。」という文にする。songsは「もの」なので，関係代名詞はwhichまたはthatを使う。また，songsは複数なので，be動詞はwere。

❼ ❶「私にはオーストラリアで勉強している友達がいます。」friendは「人」なので，関係代名詞はwhoまたはthatを使う。また，friendは3人称単数なので，studyはstudiesにする。

❷「私は祖母によって与えられた腕時計を持っています。」watchは「もの」なので，関係代名詞はwhichまたはthatを使う。watchは3人称単数なので，be動詞はwasにする。

❸「私の姉[妹]はヘミングウェイによって書かれた本が好きです。」booksは「もの」なので，関係代名詞はwhichまたはthatを使う。booksは複数なので，be動詞はwereにする。

❹「あなたは向こうで踊っている女の子たちを知っていますか。」girlsは「人」なので，関係代名詞はwhoまたはthatを使う。girlsは複数なので，be動詞はareにする。

❽ ❶ Could you tell me how to get to ...?は「…への行き方を教えてくださいませんか。」と道順をたずねる表現。

❷ pull awayは「身を引き離す」という意味。

❸ which ... peopleが前のrestaurantを説明している。

❹ that ... thereが前のstudentsを説明して

いる。The students that are running over thereがこの文の主語。〈look＋形容詞〉は「…に見える」という意味。

❾ ❶ まず「私は家に住みたいです」という部分I want to live in a houseを組み立てて，「広い台所のある家」をa house which has a large kitchenで表す。

❷ まず「私には友達がいます」という部分I have a friendを組み立てて，「札幌に住んでいる友達」をa friend who lives in Sapporoで表す。

❸ まず「言語はスペイン語です」という部分The language is Spanishを組み立てて，「この国で話されている言語」をthe language which is spoken in this countryで表す。

❹ まず「女の子はエミです」という部分The girl is Emiを組み立てて，「私に会いに来た女の子」をthe girl that came to see meで表す。

❺ まず「これは写真ですか」という部分Is this the picture?を組み立てて，「あなたのお父さんが撮った写真」→「あなたのお父さんによって撮られた写真」をthe picture that was taken by your fatherで表す。

❿ ❶「木の下に座っている男の子」を関係代名詞を使って，the boy who[that] is sitting under the treeで表す。

❷「上手にギターを弾ける弟」を関係代名詞を使って，a brother who[that] can play the guitar wellで表す。

❸ まず「サンドウィッチは人気があります」という部分The sandwiches are popularを組み立てて，「その店で売られているサンドウィッチ」を関係代名詞を使って，the sandwiches which[that] are sold at the store[shop]で表す。

❹「20年前に建てられた学校」を関係代名詞を使って，a school which[that] was built twenty years agoで表す。

pp.32-33 Step ❸

❶ ❶ who[that] teaches
　❷ which[that] has
　❸ which[that] was，is
❷ ❶ who[that] is
　❷ which[that] were written
　❸ which[that] has
❸ ❶ (This) is a book that explains traditional Japanese (culture.)
　❷ (I) know the students who are interested in history(.)
　❸ Is the boy that is using a computer by the window your brother(?)
❹ ❶ 日本の人気のある文化を世界に紹介する(大きな年1回の)イベント。
　❷ 大好きな登場人物の衣装，着ました
　❸ ア
❺ ❶ (例)I have a friend who[that] can play baseball well[is good at playing baseball].
　❷ (例)I have a friend who[that] likes reading[to read] books.

考え方

❶ ❶ teacherは「人」なので，関係代名詞はwhoまたはthatを使う。teacherは3人称単数なので，teachはteachesにする。
　❷ trainは「もの」なので，関係代名詞はwhichまたはthatを使う。空所のあとのarrivedが過去分詞なので，現在完了形〈have[has]＋過去分詞〉で表す。
　❸ bookshelfは「もの」なので，関係代名詞はwhichまたはthatを使う。「父が作った」→「父によって作られた」と考え，受け身の文にする。また，この文全体の構造は「本だなはすてきです。」なので，3つ目の空所にはisを入れる。
❷ ❶ 「ブラウン先生を手伝っている女の子はユキです。」という文にする。girlは「人」なので，関係代名詞はwhoまたはthat。3人称単

数なので，be動詞はis。
　❷ 「これらはケイタによって書かれた手紙です。」という文にする。lettersは「もの」なので，関係代名詞はwhichまたはthat。複数なので，be動詞はwere。
　❸ 「私のおばは美しい庭のある家に住んでいます。」houseは「もの」なので，関係代名詞はwhichまたはthat。3人称単数なので，hasにする。
❸ ❶ 〈名詞＋関係代名詞＋動詞 …〉の形にする。ここでは関係代名詞はthatを使う。
　❷ 「…に興味がある」はbe interested in … で表す。関係代名詞はwhoを使う。
　❸ まず，「その男の子はあなたの弟ですか」という文Is the boy your brother?を作り，the boyを〈関係代名詞＋動詞 …〉で後ろから説明する。「…のそばで」はby …で表す。
❹ ❶ 本文2文目をまとめる。
　❷ did は wore costumes of their favorite characters を指す。woreはwear「身につけている，着ている」の過去形。
　❸ ⑦本文1～2行目に一致。annualは「毎年の，年1回の」という意味。
　　⑦本文2～3行目に不一致。日本人の音楽家による多くの演奏を見ることができた。
　　⑦本文3～4行目に不一致。漫画家やアニメの監督の話を聞いた。
❺ ❶ 「私には上手に野球をすることができる友達がいます。」という文にする。関係代名詞はwhoまたはthatを使う。
　❷ 「私には本を読むのが好きな友達がいます。」という文にする。「…するのが好きである」は〈like＋動詞の-ing形〉または〈like to＋動詞の原形〉で表す。

Lesson 5 ～ Project 2

pp.36-39 Step ❷

❶ ❶ 奮い立たせる；…する気にさせる
　❷ 断る，拒絶する　❸ 正義，正しさ，公平
　❹ やり遂げたこと，業績，達成

⑤ 正直，誠実さ　⑥ 逮捕する；逮捕

⑦ date　⑧ son　⑨ effort

⑩ public　⑪ death　⑫ fill

❷ ❶ ア　❷ ア　❸ ア

❸ ❶ ウ　❷ イ　❸ イ　❹ ア

❹ ❶ free to

❷ book you have[book which[that] you've]

❸ that，likes

❹ my mother made[cooked]

❺ picture he painted

❻ which[that]，borrowed，were

❺ ア　ダイキと話している男の子

㋑ みんなが好きな先生

ウ　大阪出身の友達

㋓ お父さんがあなたに与えたコンピューター

㋔ 私がきのう修理したいす

カ　駅に行くバス

❻ ❶ my mother bought

❷ which[that] he likes

❸ that，respect

❹ he wrote was

❼ ❶ which[that] Rina was looking for

❷ that I called last night

❸ the boy that I asked the way to the library

❹ The flowers which[that] I saw in the park were beautiful.

❽ ❶ あなたはすぐにもっとうまく英語を話せるようになるでしょう。

❷ この動物園は私が私の市でいちばん好きな場所です。

❸ あなたが博物館[美術館]で会った女の子は私の姉[妹]です。

❹ これは私が３年間ずっと使っている自転車です。

❾ ❶ Let's join hands with each other(.)

❷ There are many things that I want to do in Australia(.)

❸ He couldn't read the letter I wrote in Japanese(.)

❹ The computer which my brother uses every day is better than mine(.)

❺ Who is the girl that you called last night(?)

❿ ❶ Is this the watch which[that] you lost yesterday?

❷ That is the boy that you have wanted to see[meet].

❸ The man that I saw in[on] the[a] train looked sleepy.

❹ Hawaii is the place I have visited many times.[Hawaii is the place which[that] I've visited many times.]

考え方

❶ ❹ 動詞に -ment がつくと名詞になる。achieve 動は「達成する」，achievement 名は「達成」。

❺ 最初のhは発音しない。

❽ 「息子」は son，「太陽」は sun。

❷ ❶ bóy-cott　❷ téen-ag-er

❸ fás-ci-nat-ing

❸ ❶ 「…をもとにしている」は be based on …で表す。

❷ 前の名詞が「人」で，あとに〈主語＋動詞〉が続いているので，目的格の関係代名詞that を入れる。

❸ 前の名詞が「もの」で，あとに〈主語＋動詞〉が続いているので，目的格の関係代名詞 which を入れる。

❹ 〈名詞＋主語＋動詞 …〉の形にする。

❹ ❶ 「自由に…することができる」は be free to …で表す。

❷ 「ずっとほしいと思っている」なので，現在完了形〈have＋過去分詞〉で表す。関係代名詞を使い，the book which[that] you've wantedとするか，関係代名詞を省略し，the book you have wantedとする。

❸ 〈名詞＋関係代名詞＋主語＋動詞 …〉の形にする。名詞が「人」なので，関係代名詞はthatを使う。

❹❺ 空所の数に合わせて，〈名詞＋主語＋動詞 …〉の形にする。

❻「私が図書館から借りた本」は〈名詞＋関係代名詞＋主語＋動詞 ...〉で表す。名詞が「もの」なので，関係代名詞はwhichまたはthat。文全体の骨組みは「本は難しかったです」なので，最後の空所にはwereを入れる。

❺ 関係代名詞で省略できるのは，目的格の関係代名詞。主格の関係代名詞は省略できない。目的格の関係代名詞はあとに〈主語＋動詞 ...〉が，主格の関係代名詞はあとに〈動詞 ...〉が続く。ア・ウ・カは主格の関係代名詞，イ・エ・オは目的格の関係代名詞。主格の関係代名詞は「〜する…」と訳し，目的格の関係代名詞は「…が〜する―」と訳す。

❻ ❶「これは私の母によって買われた腕時計です。」→「これは私の母が買った腕時計です。」空所の数から，関係代名詞を省略する。
❷「赤は彼の大好きな色です。」→「赤は彼がとても好きな色です。」名詞が「もの」なので，関係代名詞はwhich[that]にする。
❸「あちらは多くの人々によって尊敬されている医者です。」→「あちらは多くの人々が尊敬している医者です。」名詞が「人」なので，関係代名詞はthatにする。
❹「彼によって書かれた物語はわくわくしました。」→「彼が書いた物語はわくわくしました。」空所の数から，関係代名詞は省略する。

❼ 2文目の目的語（代名詞）を関係代名詞に置きかえて，修飾する名詞の直後に置く。関係代名詞のあとの部分は，目的語がない形になるので，2文目の代名詞を残したままにしないこと。
❶「これはリナが探していたかさですか。」という文にする。名詞が「もの」なので，関係代名詞はwhich[that]。
❷「私が昨夜電話をした男性はブラウン先生です。」名詞が「人」なので，関係代名詞はthat。
❸「あちらは私が図書館への道を聞いた男の子です。」名詞が「人」なので，関係代名詞はthat。

❹「私が公園で見た花は美しかったです。」名詞が「もの」なので，関係代名詞はwhich[that]。
❽ ❶ be able to ...は「…することができる」という意味。will canのように助動詞を2つ続けることはできない。
❷ that以下がthe placeを修飾している。
❸ The girl ...the museumがこの文の主語。
❹ I have以下がthe bicycleを修飾している。
❾ ❶ join hands with ...「…と手を取り合う」
❷「…がある。」はThere are ....で表す。「オーストラリアでしたいこと」を〈名詞＋that＋主語＋動詞 ...〉で表す。
❸「私が日本語で書いた手紙」を〈名詞＋主語＋動詞 ...〉で表す。
❹「兄が毎日使っているコンピューター」を〈名詞＋which＋主語＋動詞 ...〉で表す。
❺「あなたが昨夜電話をかけた女の子」を〈名詞＋that＋主語＋動詞 ...〉で表す。
❿ ❶「あなたがきのうなくした腕時計」を〈名詞＋which[that]＋主語＋動詞 ...〉で表す。
❷「あなたがずっと会いたいと思っている男の子」を〈名詞＋that＋主語＋動詞 ...〉で表す。「ずっと会いたいと思っている」は現在完了形〈have＋過去分詞〉で表す。
❸ まず「その男性は眠そうでした。」という文を作る。「…そうである」は〈look＋形容詞〉。「私が電車の中で見かけた男性」は〈名詞＋that＋主語＋動詞 ...〉で表す。
❹「私が何度も訪れたことがある場所」を〈名詞（＋which[that]）＋主語＋動詞 ...〉で表す。「何度も訪れたことがある」は現在完了形〈have＋過去分詞〉で表す。

pp.40-41 **Step ❸**

❶ ❶ which[that] I often
❷ that I take care
❸ you took
❷ ❶ which[that] ❷ I like
❸ which[that] Ken wrote
❸ ❶ The cat he showed to us was very cute(.)

② This is the most interesting movie that I have ever seen(.)

③ Where is the boy that you talked about yesterday(?)

④① イ **②** ウ

③ She was sitting near the 'Whites only' section.

④ 席をゆずることを拒否したから。

⑤① (例)(The food) (which[that]) Yuka likes the best is chocolate(.)

② (例)(The country) (which[that]) Yuka wants to visit is Australia(.)

考え方

①① 〈名詞＋関係代名詞＋主語＋動詞 ...〉の形にする。placeは「もの」なので，関係代名詞はwhichまたはthatを使う。

② 〈名詞＋関係代名詞＋主語＋動詞 ...〉の形にする。babyは「人」なので，関係代名詞はthatを使う。

③ 〈名詞＋主語＋動詞 ...〉の形にする。

②① 「これは私の友達が私にくれた誕生日プレゼントです。」という文にする。presentは「もの」なので，関係代名詞はwhichまたはthatを使う。

② 「英語は私の大好きな教科です。」→「英語は私がいちばん好きな教科です。」空所の数から，関係代名詞は省略する。

③ 「これらはケンによって書かれた手紙です。」→「これらはケンが書いた手紙です。」lettersは「もの」なので，関係代名詞はwhichまたはthatを使う。

③① 「彼が私たちに見せてくれたネコ」を〈名詞＋主語＋動詞 ...〉の形にする。

② 「今まで見た中でいちばん〜な…」は〈the＋最上級＋名詞＋(that)＋主語＋have[has]ever＋過去分詞〉で表す。

③ 「あなたがきのう話していた男の子」を〈名詞＋that＋主語＋動詞 ...〉で表す。Where is the boy? と You talked about him yesterday.のhimを関係代名詞thatにし

た文。

④① 関係代名詞は修飾したい名詞の直後に置く。

② 〈命令文, or 〜.〉で「…しなさい，さもないと〜。」という意味。〈命令文, and 〜.〉は「…しなさい，そうすれば〜。」という意味。

③ 「ローザ・パークスはバスの中でどこに座っていましたか。」本文2行目参照。

④ 本文3〜4行目参照。

⑤① 「由佳がいちばん好きな食べ物はチョコレートです。」という文にする。関係代名詞whichまたはthatは省略してもよい。

② 「由佳が訪れたい国はオーストラリアです。」という文にする。「…したい」はwant to ...で表す。関係代名詞whichまたはthatは省略してもよい。

Lesson 6 〜 文法のまとめ⑤

pp.44-47 **Step ②**

①① 真実，ほんとうのこと，事実 **②** 発明家
③ 不平を言う；(痛みなどを)訴える
④ だんだんと，徐々に，しだいに
⑤ 実験 **⑥** ばかばかしい，こっけいな
⑦ period **⑧** personal **⑨** myself
⑩ imagine **⑪** reach **⑫** nobody

②① イ **②** ア **③** イ

③① ① ウ ② エ **②** ウ
③ ① イ ② イ **④** エ

④① make fun **②** wish, could go
③ If, were, wouldn't **④** proud that
⑤ wish, lived

⑤① would buy[get] **②** could live
③ would go[travel]

⑥① in order **②** As soon **③** all the
④ wish, had

⑦① If, had, could **②** If, knew, could
③ If, practiced, would

⑧① もし私が自分のギターを持っていれば，毎日練習できるだろうに。

② あなたが私の姉[妹]であればいいのになあ。

③ 上手に泳げればいいのになあ。

④ もし私があなたなら，その男性を信用しな

いだろう。

❾ ❶ I wish I could stay here longer(.)

❷ If I were you, I would look for a new job(.)

❸ If you got up early every day, you could have breakfast (every morning.)

❹ What would you do if you got a million dollars(?)

❿ ❶ I saw him at the station for sure.

❷ What shall we do for our new classmate(s)?

❸ If I were you, I would talk to her.

❹ I wish I had a computer in my room.

❺ If I had enough time, I could help my mother.

考え方

❶ ❷ 動詞に -orをつけると「…する人」という意味になる。inventは「発明する」という意味なので，inventorは「発明家」。

❺ experience「経験」と意味を混同しないように注意する。

❿ imagine「想像する」は動詞，imagination「想像，想像力」は名詞。

⓫ reach …で「…に着く」という意味。get to …，arrive at …と同じ意味だが，reachのあとには前置詞は不要。

❷ ❶ pol-lú-tion ❷ hés-i-tate

❸ com-mú-ni-cate

❸ ❶ 仮定法の文なので，動詞・助動詞は過去形にする。

❷ 「…であればなあ。」は〈I wish＋主語＋動詞の過去形 ….〉で表す。

❸ 「…できたらなあ。」は〈I wish＋主語＋could＋動詞の原形 ….〉で表す。

❹ 「もし私があなたなら」はIf I were youで表す。主語がIでもwereにする。

❹ ❶ 「…をからかう」はmake fun of …。

❷ 「…できたらなあ。」は〈I wish＋主語＋could＋動詞の原形 ….〉で表す。

❸ 「もし私があなたなら，…しないだろう。」は

〈If I were you, 主語＋would not[wouldn't]＋動詞の原形 ….〉で表す。

❹ 「…ということを誇りに思っている。」はI'm proud that ….で表す。

❺ 「…であればなあ。」は〈I wish＋主語＋動詞の過去形 ….〉で表す。

❺ ❶❸ 「…だろうに」は〈would＋動詞の原形〉で表す。

❷ 「…できるだろうに」は〈could＋動詞の原形〉で表す。

❻ ❶ 「…するために」はin order to …で表す。

❷ 「…するとすぐに」はas soon as …で表す。

❹ 「…を飼う」はhave。仮定法の文にするので，haveは過去形hadにする。

❼ ❶ 「十分な時間がないので，テレビゲームをすることができません。」→「十分な時間があれば，テレビゲームをすることができるだろうに。」

❷ 「私は彼女の電話番号を知らないので，彼女に電話をかけることができません。」→「彼女の電話番号を知っていれば，彼女に電話をかけることができるだろうに。」

❸ 「熱心に練習しないので，試合に勝たないでしょう。」→「熱心に練習すれば，試合に勝つだろうに。」

❽ ❶ had，couldが過去形なので，仮定法の文。couldは「…できるだろうに」と訳す。

❷ I wishは「…であればなあ。」と訳す。

❸ I wish I could ….は「…することができればなあ。」と訳す。

❹ would notは「…しないだろうに」と訳す。

❾ ❶ 願望の文はI wishで始める。

❷ 「…をさがす」はlook for …。

❸ 「早く起きる」はget up early。

❹ 語群にコンマ(,)がないので，if …は文の後半に置く。

❿ ❶ 「確かに」はfor sure。

❷ 「…しましょうか。」はShall we …?

❸ 「…に話しかける」はtalk to …。

❹ 願望の文なので，I wishで文を始める。

❺ 仮定法の文なので，have, canをそれぞれ

15

過去形にする。

pp.48-49 **Step ❸**

❶ ❶ If, had, would ❷ wish, could run
❸ If, were, would not
❷ ❶ I wish I had a brother like you(.)
❷ If I were you, I would sing a song at the party(.)
❸ (I) agree, but the event is coming (soon.)
❸ ❶ If, knew, could ❷ If, had, could
❸ wish, could
❹ ❶ タイムマシーンを発明し，未来へ旅している。
❷ a time machine
❸ had, would go[travel]
❹ 恐竜を見たいと思っている。
❺ ❶ (例)I wish I could speak English well.[I wish I could talk with foreign people.]
❷ (例)I wish I could play baseball well.

考え方

❶ ❶ 「もし〜であれば，…だろうに。」は〈If＋主語＋動詞の過去形〜，主語＋would＋動詞の原形 ....〉で表す。
❷ 「…できたらなあ。」は〈I wish＋主語＋could＋動詞の原形 ....〉で表す。
❸ 「もし私があなたなら…しないだろう。」は〈If I were you, 主語＋would not[wouldn't]＋動詞の原形 ....〉で表す。
❷ ❶ 「…のような 名詞 」は〈 名詞 ＋like ...〉で表す。
❷ 語群にコンマ(,)があるので，if ...は文の前半に置く。
❸ 「私は賛成ですが，…」はI agree, but ...で表す。
❸ ❶ 「私は彼の誕生日を知らないので，彼にプレゼントをあげられません。」→「彼の誕生日を知っていれば，彼にプレゼントをあげられるだろうに。」
❷ 「時間がないので，自分の部屋をそうじすることができません。」→「時間があれば，自分

の部屋をそうじすることができるだろうに。」
❸ 「あなたがパーティーに来られなくて残念です。」→「あなたがパーティーに来られたらなあ。」
❹ ❶ who以下がa scientistを後ろから修飾しているので，who以下をまとめる。
❷ oneは前に出た単数の名詞のくり返しを避けるために使う代名詞。陸の最初の発言中のa time machine「タイムマシーン」を指す。
❸ 「あったら」は「持っていたら」と考え，haveの過去形hadにする。「行くだろうに」はwillの過去形wouldを使う。
❹ 最後の文を参照する。want to ...「…したい」
❺ 「…できればいいのになあ。」は〈I wish I could ＋動詞の原形 ....〉で表す。
❶ 「英語を上手に話せればいいのになあ。」や「外国人と話せればいいのになあ。」という英文を作る。
❷ 「野球が上手にできればいいのになあ。」という英文を作る。

Lesson 7 ～ Project 3

pp.52-55 **Step ❷**

❶ ❶ 離れて ❷ 医学の，医療の
❸ 注意，注意力；関心 ❹ 治療，手当
❺ 知性，知能 ❻ 患者，病人
❼ within ❽ customer ❾ clearly
❿ handle ⓫ response
⓬ company
❷ ❶ イ ❷ ア ❸ ウ
❸ ❶ イ ❷ ア ❸ ウ ❹ ア ❺ ウ
❹ ❶ different from ❷ want, to teach
❸ helped me bake ❹ asked me to
❺ told him to ❻ out, you are
❺ ❶ what Kana wants カナが何をほしがっているか
❷ who that woman is あの女性はだれ
❸ where he bought the ticket 彼がどこでそのチケットを買ったのか

❹ how long Mr. Brown has lived in Japan
ブラウン先生がどれくらい長く日本に住んでいるのか

❻ ❶ want him to　❷ helped her look
❸ told me to　私の母は私に皿を洗うように言いました。
❹ asked her to　私は彼女にパーティーで歌を歌うように頼みました。

❼ ❶ より多くの女性がこれまでより働いています。
❷ あなたがいつオーストラリアに行ったのか私に教えてください。
❸ ケンの両親は彼に野球選手になってもらいたいと思っています。
❹ ユナは姉[妹]が宿題を終わらせるのを手伝いました。

❽ ❶ (I) have to make a decision by the end of this month(.)
❷ My brother asked me to cook lunch(.)
❸ Do you know what time Ken leaves home every morning(?)
❹ I helped my grandmother use a computer(.)
❺ I wonder what made her sad(.)
❻ When do you want me to come here?

❾ ❶ I had a great time in Australia.
❷ I want them to see[watch] this movie[film].
❸ Can[Will] you help me write a letter in English?
❹ I want to know when her birthday is.

考え方

❶ ❽ customerは「店の客」を表す。
⑪ answerとほぼ同じ意味だが, answerよりも堅い語。
⑫ companyは種類や規模にかかわらず, 「会社」を表す一般的な語。officeは毎日通勤する場所という意味で「会社」を表すときに使う。「職場, 勤め先」の意味合い。

❷ ❶ bro-chúre　❷ déc-o-rate
❸ ar-ti-fí-cial

❸ ❶ 「…に対処する」deal with ...
❷ 「困っている」in need
❸ Whose pen is it?をDo you knowに続けるので, 間接疑問にする。〈疑問詞＋主語＋動詞〉の語順。
❹ 「Aが…するのを手伝う」は〈help＋A＋動詞の原形〉で表す。
❺ 「Aに…してもらいたい」は〈want＋A＋to＋動詞の原形〉で表す。

❹ ❶ 「…と違っている」はbe different from ...で表す。
❷ 「Aに…してもらいたい」は〈want＋A＋to＋動詞の原形〉で表す。
❸ 「Aが…するのを手伝う」は〈help＋A＋動詞の原形〉で表す。
❹ 「Aに…するように頼む」は〈ask＋A＋to＋動詞の原形〉で表す。
❺ 「Aに…するように言う」は〈tell＋A＋to＋動詞の原形〉で表す。
❻ 「わかる」はfigure outで表す。What are you saying?を間接疑問にするので, 〈疑問詞＋主語＋動詞 ...〉の語順にする。

❺ 間接疑問は肯定文の語順にする。
❶ 主語が3人称単数で現在の文なので, 動詞に-e(s)をつけ, what Kana wantsとする。
❷ 〈疑問詞＋主語＋動詞〉の語順。
❸ 過去の文なので, 動詞buyを過去形にして, where he bought the ticketとする。
❹ 現在完了の文なので, how longのあとは〈主語＋have[has]＋過去分詞 ...〉の語順。

❻ ❶ 「私はその本を読みたいです。」→「私は彼にその本を読んでもらいたいです。」「Aに…してもらいたい」は〈want＋A＋to＋動詞の原形〉で表す。
❷ 「彼女はさいふを探していました。」→「私は彼女がさいふを探すのを手伝いました。」「Aが…するのを手伝う」は〈help＋A＋動詞の原形〉で表す。
❸ " "の中が命令文のときは, 〈tell＋A＋to＋動詞の原形 ...〉「Aに…するように言う」で書きかえることができる。

❹ " "の中がていねいな命令文のときは，〈ask + A + to + 動詞の原形 ...〉「Aに…するように頼む」で書きかえることができる。

❼ ❶ than ever beforeは「これまでより」という意味。

❷ When did you go to Australia?をPlease tell meに続けた間接疑問文。

❸〈want + A + to + 動詞の原形〉は「Aに…してもらいたい」と訳す。

❹〈help + A + 動詞の原形〉は「Aが…するのを手伝う」と訳す。

❽ ❶「決断する」はmake a decision，「…までに」はby ...，「今月末」はthe end of this monthで表す。

❷「Aに…するように頼む」は〈ask + A + to + 動詞の原形〉で表す。

❸ What time does Ken leave home every morning?をDo you knowに続けるので，what timeのあとを肯定文の語順にする。

❹「Aが…するのを手伝う」は〈help + A + 動詞の原形〉で表す。

❺「…かしら」はI wonder，「何が彼女を悲しませたのですか。」はWhat made her sad?で表す。間接疑問文だが，疑問詞が主語の文なので，このままの語順で続ける。「AをBにする」はmake A Bで表す。

❻「Aに…してもらいたい」は〈want + A + to + 動詞の原形〉で表す。

❾ ❶「楽しい時を過ごす」はhave a great timeで表す。

❷「Aに…してもらいたい」は〈want + A + to + 動詞の原形〉で表す。

❸「…してくれませんか。」はCan[Will] you ...?，「Aが…するのを手伝う」は〈help + A + 動詞の原形〉で表す。

❹ When is her birthday? を I want to knowに続けるので，間接疑問〈疑問詞 + 主語 + 動詞〉の語順にする。

pp.56-57 **Step ❸**

❶ ❶ where you bought

❷ want you to

❸ helped me practice

❷ ❶ tells me to　❷ asked him to

❸ what I, do

❸ ❶ Do you know how the weather will be tomorrow(?)

❷ My parents did not tell me to study(.)

❸ Who helped you prepare your speech(?)

❹ ❶ To tell

❷ 多くの努力を勉強に費やしたから。

❸ had

❹ 人々が何を言っているのかわからなかったから。

❺ ❶ (例)Do you know what that girl's name is?

❷ (例)I want you to help me move this table.

考え方

❶ ❶ Where did you buy the bag? を間接疑問にするので，buyを過去形boughtにして，〈疑問詞 + 主語 + 動詞 ...〉の語順にする。

❷「Aに…してもらいたい」は〈want + A + to + 動詞の原形〉で表す。

❸「Aが…するのを手伝う」は〈help + A + 動詞の原形〉で表す。

❷ ❶「私の母はよく私に『早く寝なさい』と言います。」→「私の母はよく私に早く寝るように言います。」

❷「リサは彼に『私といっしょに図書館に行ってくれませんか』と言いました。」→「リサは彼に彼女といっしょに図書館に行くように頼みました。」

❸「私は何をすればよいかわかりません。」〈疑問詞 + to + 動詞の原形〉は〈疑問詞 + 主語 + should + 動詞の原形〉で書きかえることができる。

❸ ❶ How will the weather be tomorrow?を間接疑問にしてDo you knowに続ける。

❷「Aに…するように言う」は〈tell + A + to +

動詞の原形〉で表す。

❸ 「Aが…するのを手伝う」は〈help＋A＋動詞の原形〉で表す。

❹ ❶ 「実を言えば」はto tell the truthで表す。

❷ 下線部②の直前の文を参照。

❸ 「楽しい時を過ごす」はhave a great timeで表す。

❹ 本文2～3行目を参照。

❺ ❶ 「あなたはあの女の子の名前が何か知っていますか。」という文にする。What is that girl's name?を間接疑問にしてDo you knowに続ける。

❷ 「私はあなたに私がこのテーブルを動かすのを手伝ってもらいたいです。」という文にする。「Aに…してもらいたい」は〈want＋A＋to＋動詞の原形〉，「Aが…するのを手伝う」は〈help＋A＋動詞の原形〉で表す。

Reading for Fun 2 ～ 3

pp.60-61 **Step ❷**

❶ ❶ （家などの周りの）庭，中庭，裏庭

❷ 疲れ果てた　❸ （光がなくて）暗い

❹ （服などが）着古した，使い古した

❺ 沈黙した，無言の；無音の　❻ 美しく

❼ money　❽ husband　❾ wife

❿ accept　⓫ marry　⓬ knock

❷ ❶ ア　❷ ア　❸ ア

❸ ❶ ウ　❷ イ　❸ ア　❹ ウ　❺ ア

❹ ❶ looked, surprised

❷ boy who[that] is

❸ didn't he

❺ ❶ a large gray cat that had large gray eyes

❷ looked

❸ 1（ドル）87（セント）

❹ ⑦Because the next day was Christmas.
　　④It was snowing.

考え方

❶ ❶ 「（家の）庭」はふつうアメリカではyardを，イギリスではgardenを使う。

❽ ❾ husband「夫」⇔wife「妻」は対になる語。

❿ accept「受け入れる」⇔refuse「断る」

❷ ❶ Chríst-mas　❷ jéw-el

❸ sí-lent

❸ ❶ 「ひとりごとを言う」say to oneself

❷ 「…のところまで行く」go up to ...

❸ 「…を脱ぐ」take off ...

❹ 「…を取り出す」take out ...

❺ 「しばらく」for a while

❹ ❶ 「…のように見える」は〈look＋形容詞〉で表す。「驚いた」という形容詞はsurprised。

❷ the boyを〈関係代名詞＋動詞 ...〉で後ろから修飾する。the boyが「人」なので，関係代名詞はwhoまたはthat。

❸ 付加疑問文。コンマ（,）の前の部分が一般動詞の過去の肯定文なので，〈didn't＋主語の代名詞?〉をつける。

❺ ❶ 前の文を参照。

❷ 「…に見える」は〈look＋形容詞〉で表す。過去の文なので，lookを過去形にする。

❸ デラはone dollar and eighty-seven centsしか持っていなかった。

❹ ⑦「デラはなぜジムへのプレゼントを買いたかったのですか。」本文4～5行目を参照。理由を答えるので，Because ....の形にする。

④「天気はどうでしたか。」本文7～8行目を参照。

pp.62-63 **Step ❷**

❶ ❶ 観察する　❷ 抵抗　❸ 突然の，急な

❹ まねる　❺ 進化させる；進化する

❻ （長年の経験に基づく）賢明（さ），知恵

❼ pressure　❽ himself　❾ produce

❿ manage　⓫ ahead　⓬ method

❷ ❶ イ　❷ イ　❸ イ

❸ ❶ イ　❷ ア　❸ イ　❹ ア　❺ ウ

❹ ❶ It, to take

❷ anything cold to

❸ to be[become]

❺ ❶ may[might]　❷ イ

❸ To solve the problem (about the loud noise).

❹ **騒音は減ったが，所要時間は増えた。**

考え方

❶ ❸ sudden「突然の」は形容詞，suddenly「突然」は副詞。

  ⑪ ahead「前へ」⇔ behind「後ろに」

❷ ❶ an-nóy　❷ spe-cíf-ic

  ❸ de-vé-lop

❸ ❶「散歩する」take a walk

  ❷「…という結果になる」result in …

  ❸「…のために」due to …

  ❹「(人)が…するのを手伝う」は〈help＋人＋動詞の原形〉で表す。

  ❺ 経験をたずねるときは現在完了形で表す。「今までに…したことがありますか。」は〈Have[Has]＋主語＋ever＋過去分詞 …?〉。

❹ ❶〈It is … for A＋to＋動詞の原形 ～.〉で表す。「…の世話をする」はtake care of …。過去の文なのでbe動詞はwas。

  ❷「何か…な飲み物」は〈something＋形容詞＋to drink〉で表す。ここでは疑問文なので，anythingにする。

  ❸「…するために」という目的はto不定詞の副詞用法で表す。

❺ ❶「…かもしれない」はmay[might]で表す。

  ❷ 空所の前が「もの」で，あとに動詞があるので，主格の関係代名詞whichまたはthatが入る。

  ❸「その鉄道会社はなぜチームを作ったのですか。」本文9行目参照。to以下が目的を表している。

  ❹ 本文最後の1文をまとめる。

テスト前 ☑ やることチェック表

① まずはテストの目標をたてよう。頑張ったら達成できそうなちょっと上のレベルを目指そう。
② 次にやることを書こう（「ズバリ英語〇ページ，数学〇ページ」など）。
③ やり終えたら□に✔を入れよう。
　最初に完ぺきな計画をたてる必要はなく，まずは数日分の計画をつくって，
　その後追加・修正していっても良いね。

目標

	日付	やること1	やること2
2週間前	／	☐	☐
	／	☐	☐
	／	☐	☐
	／	☐	☐
	／	☐	☐
	／	☐	☐
	／	☐	☐
1週間前	／	☐	☐
	／	☐	☐
	／	☐	☐
	／	☐	☐
	／	☐	☐
	／	☐	☐
	／	☐	☐
テスト期間	／	☐	☐
	／	☐	☐
	／	☐	☐
	／	☐	☐
	／	☐	☐

テスト前 ☑ やること チェック表

① まずはテストの目標をたてよう。頑張ったら達成できそうなちょっと上のレベルを目指そう。
② 次にやることを書こう（「ズバリ英語〇ページ，数学〇ページ」など）。
③ やり終えたら□に✔を入れよう。
　最初に完ぺきな計画をたてる必要はなく，まずは数日分の計画をつくって，
　その後追加・修正していっても良いね。

目標

	日付	やること1	やること2
2週間前	／	☐	☐
	／	☐	☐
	／	☐	☐
	／	☐	☐
	／	☐	☐
	／	☐	☐
	／	☐	☐
1週間前	／	☐	☐
	／	☐	☐
	／	☐	☐
	／	☐	☐
	／	☐	☐
	／	☐	☐
テスト期間	／	☐	☐
	／	☐	☐
	／	☐	☐
	／	☐	☐
	／	☐	☐

キリトリ線

英語3年 三省堂版

QRコードのページに登録すると，「ぴたリンク」からも表をダウンロードできるよ